母が子に与うる遺訓の書

母が子に与うる遺訓の書

——ドゥオダの『手引書』——

ドゥオダ著
岩村清太訳

知泉書館

訳者まえがき

本訳書では、Pierre Riché, Dhuoda, Manuel pour mon fils（Sources Chrétiennes, no 225）, Paris 1975 にある Liber Manualis Dhuodanae quem ad Filium suum transmisit Wilhelmum を用いた。ここで、Riché は、主に Bibliothèque Municipale de Nîmes に保管されている写本 no 393 と、Biblioteca Central de Barcelona に所蔵されている写本 no 569 の二写本をもって、Bibliothèque Nationale de Paris に所蔵されている「パリ写本　no 12, 293」（folio 90枚）を補完しつつ、原典の再生を目指している。

著者が記した本書のラテン語の原題は、直訳すると、『子ウィルヘルムスに送るドゥオダの手引書』となるが、訳者は本書の内容、また著者の個人的、社会的、歴史的背景を考慮して、あえて『母が子に与うる遺訓の書』―― ドゥオダの『手引書』（以下『手引書』と略記）と改題することにした。こうした改題のわけを説明し、また本書の梗概を把握してもらうためにも、ここで「訳者まえがき」を記しておきたい。

まず著者ドゥオダ（Dhuoda）の紹介からはじめよう。実は、かの女がどのような人物であったのか、ほとんど知られていない。ドゥオダという名前が、Dodda, Doda, Duda, Duodaなど似通った綴りでガリア北部の文献に散見されることから見て、おそらくガリア北部出身のゲルマン系の出であったと推測される。それ以上のこととなると、われわれはこの『手引書』をとおしてかの女の家庭について若干、知りうるだけである。

『手引書』の序言によると、ドゥオダは八二四年六月二九日、アーヘンの宮廷聖堂でベルナルドゥス（Bernardus）と結婚し、長子ウィルヘルムス（八二六年生）と次男ベルナルドゥス（八四一年生）をもうけている。

この結婚により、ドゥオダはカロリング家とその帝国の内紛に深くかかわることになる。というのも、夫ベルナルドゥスの父ヘロナのウィルヘルムス（Wilhelmus de Gerona, 七四一以前―八一二年）はカール大帝の実のいとこで、トゥールの公、セプティマニアの伯であり、アラビア人のスペイン侵攻を食い止め、その功績によってスペイン辺境伯に任ぜられ（八〇一年）、さいごは、ヘロナの修道院長（八〇六年以降）として世を去り、聖人と慕われた。こうした聖・俗にわたる婚家の偉業は、ドゥオダの『手引書』の底流となって影響を残している。

したがって、ドゥオダの夫ベルナルドゥスはルートヴィヒ敬虔王（Ludwig der Fromme, 西ローマ皇帝　在位八一四－八四〇年）と親族関係にあり、王はベルナルドゥスの受洗における代父であったとも言われている。ベルナルドゥスは、父の後を継いでセプティマニア伯となり（八二〇年以降）、結婚後まもなく、セプティマニアとスペイン辺境領の統治を委ねられ、イスラム教徒からスペインを守り、その功績によってアーヘンの宮廷財務係（camerarius）に任命されている（八二七年）。かれは、ルートヴィヒ敬虔王に対するその長子ロタール一世（Lothar 西ローマ皇帝　在位八四〇－八五〇年）の謀反に際しては王を支持したが、その後のロタールと同盟者アキタニアのピピン二世（Pippin II, 八六四年没）対カール禿頭王（Karl II der Kahle, 西フランク王　在位八四〇－八七七年、西ローマ皇帝　在位八七五－八七七年）の紛争においては当初ピピン二世を支持した。しかし「フォントノア・アン・ピュイゼーの戦い」において（八四一年六月）カール禿頭王が優勢に立つと見るや、これと和解し、人質として長子ウィルヘルムスをかれに「委ねた」（commendatio）。こうしていわば長子を奪われたベルナルドゥスは、家系の将来を保証するためであろうか、まだ洗礼も受けていない次男を自分で育てようとして手元に呼び寄せている。ただドゥオダだけは、夫の命によりユゼスにひとりとどまることになった。

こうした状況におかれたドゥオダは、権謀術数をめぐらし骨肉相争う当時のカロリング宮廷に父親とともに出仕する長子ウィルヘルムスと、父親の手元にいる幼い次男（のち、父と同じくベルナルドゥスと命名された）の行く末を案じ、また病気がちな自分の余生を思い、あるいは自分の死を間近に予感しつつ、宮廷に仕える子どもたちがキリスト教徒の従士、貴族として永遠の救いを全うし家系の存続と繁栄を保持するにはどのような生き方を貫くべきかを教示するため、この『手引書』を著したのであった。まさに、本書の改題のわけはここにあった。

本書は、ウィルヘルムスの出仕が決定された八四一年の一一月に起筆され、二年後の八四三年二月に擱筆されている。八四三年といえば、「ヴェルダン条約」が成立し、ロタールは帝位とイタリア、中部フランクを、ルートヴィヒ（Ludwig, のちのドイツ王　在位八四三―八七六年）は東フランク（ドイツ）を、カール禿頭王は西フランク（フランス）を分割領有することになり、敬虔王亡きあとの領土分割紛争が一時的に収まった年である。

こうした王家の父子、兄弟間の争いとそれに関与した人々の動揺と不安は、ドゥオダの『手引書』の行間に読み取ることができる。さらにかの女は、「多くの人の間で起こっているこうした大罪（ルートヴィヒ敬虔王に対するロタールの謀反）が、一度たりともあなたの考えに浮かぶことのないように」と言い、また、「他の人々の間に起こっていることが、あなたがたに起こることのないように」と繰り返している。かの女の不安は、単なる杞憂ではなかった。夫ベルナルドゥスは八四四年、裏切りのかどでカール禿頭王の命により斬首の刑に処せられ、またウィルヘルムスも王命に対する不服従のかどで八四九年、処刑されたからである。ただ次男ベルナルドゥスは、もしかれが著名なベルナルドゥス・プランタヴェルス（**Bernardus Plantaverus**）であるとするならば、かの有名なクリュニー修道院を創設したウィルヘルムス敬虔公の父親ということになり、かれは、その子をとおしてドゥオダの教えの成果の一端を歴史に残したということになる。

『手引書』を書いたころのドゥオダは、子どもの年齢から推測して、おそらく四〇歳前後であったと思われるが、その後どうなったかわからない。夫が非業の最期を遂げたときはまだおそらく存命中であったと思われるが、四〇歳代で生涯を終えたようである。

つぎに『手引書』の内容について言うと、ドゥオダは、**Manuale**（手引書、提要、便覧）という表題の語源的説明から始める。しかし一読してすぐに分かることであるが、「手引書」とは言っても、その内容は宗教・道徳を中心に取り扱っている。ドゥオダの子ウィルヘルムスがめざす従士は、一般に、宗教、武道、作法、若干の知的教養をもつものとされたが、かの女が本書で取り上げるのは、キリスト教の信仰と道徳にもとづく従士としての生活態度であり、その意味で、本書は「訓育の書」（あるいは「鑑」）と呼ぶにふさわしい。

こうした『手引書』を書いたのはドゥオダが最初ではない。「手引書」あるいは「訓育の書」、「鑑」といった文学形態は、どの文明においても、父が子に、王が後継者に与える教訓あるいは「作法書」として存在し、古代エジプト、ヘブライ人にまで遡る。聖書自体がそうであり、初期中世においても聖職者、修道者による俗人貴族のための書が多く著わされ、また若干の修道女の手になる書もある。ドゥオダの『手引書』は、こうした古代、中世の伝統に位置づけられうる。

実際、ドゥオダの『手引書』では、まず万物と人間のあるべき姿の原理として、すべてを創造しご自分に向けて秩序づけ愛と知恵をもってご自分における至福に招き寄せる、唯一、三位一体の神が教示され、つぎに神による支配を現実の人間社会において具現する父親、君主と宮廷の人々、聖職者など、ウィルヘルムスが仕え交わる人々に対して取るべき理想的な態度を示している。こうした宗教的、道徳的内容は、中世の『鑑』に共通のものであり、さらにドゥオダの書が修道者や聖職者による『鑑』の伝統に連なることは、この理想を実現するための手段として、とくに修道者にあやかった宗教生活、とくに聖務日課を勧告していることからも明らかである。かの女は機会あるごとに、「祈る」ことを勧め、適切な祈りを捧げうるため、本書の最終章では聖務日課の基本となる「詩編集」の分類をあげているほどである。

またドゥオダの『手引書』は、最大かつ永遠の『鑑』とも言うべき聖書、教父たちの書からの寄せ集めである。ドゥオダによると、聖書には、祈りにおいて言うべきこと、行動において留意すべきこと、避けるべきこと、追求すべきこと、その他あらゆる機会になにをなすべきか、すべて見出される。実際、ドゥオダがもっとも多用している資料は聖書である。しかしその内容の選択においては、宗教・道徳に関する理論的教えというより日常の行動における模範としての事例、金言に偏りがちである。また、ドゥオダは教父たちの『鑑』その他の著作も利用している。なかでも古代教父たちの書が多く、とくにヒッポのアウグスティヌス、セビリャのイシドルス、アンブロシウス、大グレゴリウスの書が目立つ。中世の著述家としては、西欧修道制の父ベネディクト、ドゥオダと同じカロリング期のアルクイン、ラバヌス・マウルスなどの書があり、詩文ではプルデンティウスの書の引用が目立つ。このように、ドゥオダの『手引書』はその内容、文体において基本的には伝統的な『鑑』の引き写しであると言える。

しかしドゥオダの『手引書』は、古代、中世の修道者の生活形態を単に継承、反復したものではない。中世において「手引書」や「鑑」が多数著わされたとはいえ、在俗の一母親の視点から書かれた書は、本書をおいてほかに見当たらない。ここに本書の最大の特徴があり、本訳書の改題においてもこの点を表明したつもりである。

ドゥオダは『手引書』の冒頭の詩文において、本書が母親ドゥオダによりその子ウィルヘルムスにあてて書かれていることを明確に表明し、また文中においても、たえず母としての立場を意識し母性愛を吐露しつつ、つぎのように語りかけている。「子よ、あなたに勧告を与えるドゥオダはいつもそばにいますが、未来において起こりうるようにたとえいなくなったとしても、あなたにはかたみともなるこの訓育の小著があり、あなたは鏡の面を見るようにして、心と体の目をもってそれを読み、また神に祈ることによって、私に対する義務をくわしく見出すことができるでしょう。子よ、あなたはより多くのより有用な教えを提示する教師たちに出会うことでしょうが、しかしあなたの産みの母親と同じような立場に立ち、また熱い心をもって教えるものはいないでしょう」と。

しかもその母親は、単に人としての生命を伝えるだけのものではない。その子が生まれ成長していく生活の場つまり家、家庭のすべてを自分の身にまといかつ伝達していく。ドゥオダは、カロリング朝の有力な貴族の家系に連なるものとしての自覚のもとに、その家系の地位、栄誉、富のなかで子どもを産み、育て、なおいっそうの家系の繁栄を念じて本書を書いているのである。

こうした母親としての意識は、まず夫に対するドゥオダの態度に表れている。かの女は夫ベルナルドゥスを「主君」とよび、その事業を援助するためには借金までしている。またドゥオダは、その子ウィルヘルムスに対しても貴族としての自覚を促し、「あなたの高貴な出自に訴えてお願いします」と繰り返し、親族の名前とつながりをあげ、かれらの偉業の存続と弥栄を追求するように懇願している。さらに一族の死者についても語り、かれらの永遠の生命にまで言及し、一族の永遠の繁栄と安息を図るように求めている。こうした家系に対する自覚と重視は、子どもに対する教育の内容を示すと同時に、カロリング期の有力な貴族の妻が世俗的要素に対してどれほど高い価値観をもっていたかを示すものであり、この点でも、ドゥオダの『手引書』はそれまでの聖職者による『鑑』とは異なる。

さらに言うならば、ドゥオダの書が修道者の『鑑』の伝統に連なっているとはいえ、しかしかの女の勧告は、修道院の静けさのなかで実行されるのではない（修道生活そのものも、平穏無事に送られる安易なものではないが）。かの女の『手引書』は、それまでの中世の『鑑』の内容の繰り返しのように見えながら、しかしその行間には、先に述べたカロリング期の貴族たちが命と家系を賭して生き相争う姿を目の当たりにしたドゥオダの不安や心情が垣間見られ、かの女の一家を取り巻く緊張感があることを見落としてはならない。この『手引書』は、単なる道徳書ではなく、一家の命運をとおしてカロリング期の歴史の一端を心理学的に描き出しているとも言える。

さいごに、いまひとつ指摘しておきたいことは、ドゥオダの書はその子ウィルヘルムスのための「手引書」であると同時に、かの女自身の教養を映し出す「鏡」でもあるということである。本書が歴史家、ジェンダー史研究者たちの注目を集めるわけはここにもある。実際、ドゥオダは格段の教養を備えた女性であったことが分かる。先にも述べたように、ドゥオダは聖書、教父たちの種々の書を幅広く引用、参照している。ただし引用にあたっては書名あるいは著者名をあげることはほとんどなく、聖書、教父にある書の語あるいは表現を自分の記憶を頼りに、時にはこじつけなど種々の誤用を交えて、自分の文章、文脈のなかに自然に組み込んでいく。またかの女が用いる聖書はヴルガタ訳（Uulgata）が中心であるが、古ラテン訳（Uetus latina）その他の訳も混用しているため、聖書の引用全体にわたってその出典個所を確定することは容易ではない。したがって本訳書においては、仏訳者リシェに従って、ドゥオダによる聖書の引用・参照箇所を推測し、その書名、章節をあげたが、それは必ずしも現代訳の聖書の個所とは符合しないことをお断りしておきたい。

またドゥオダの書は知育をめざすものではなく、一般教養としては古典のわずかな引用ないし参照のほか、ラテン文学の泰斗ヴェルギリウス、文法教師ドナトゥスなどの文章も時として文法に関する事例として引用し、さらにプリニウスの『博物誌』(Naturalis historia)、イシドルスの『起源』(Etymologiae)その他の書を用いることによって百科全書的知識の一端を覗かせるにすぎない。しかし、古代の教父や中世の学者たちが聖書注解などに多用した数意学(arithmologia)に関するドゥオダの説明は、かの女の知的関心が奈辺にあるかを示す好例である。

一般に、教養と書籍の所有とは密接に関連しているが、ドゥオダがどれほどの書籍をもっていたかは不明である。聖書の大部分の書は所有していたとも考えられるが、夫のために借金をせざるをえなかったかの女の経済力から見て、教父たちの膨大な著作はほとんど所有していなかったのではなかろうか。おそらく中世の大部分の教養人と同じく、主要な著作はその「詞華撰」(Florilegium)の形で所有していたのであろう。

また、ドゥオダの『手引書』における教養はラテン語の使用にもっともよく示されている。当時のゲルマン社会においてはロマンス語（lingua romana）が通常語で、ラテン語は教養人の間の書きことばとしてその著述や文書、行政において用いられていた。周知のように、かの女の『手引書』（八四一―八四三年に執筆）と同じころに行われた「ストラスブールの宣誓」（八四二年）では、のちのルートヴィヒ・ドイツ王（Ludwig der Deutsche, 八〇四頃―八七六年、東フランク（ドイツ）王八四三―八七六年）は、カール禿頭王の軍隊をまえに、ラテン語ではなくロマンス語で演説し、一方カールは、同じことをルートヴィヒの軍隊にフランク語で演説している。

ドゥオダがどこで、どのように、このラテン教養を修得したかは不明である。また、概してカロリング期の聖職者たち、またアインハルト、ニータルトといった宮廷の俗人はカロリング・ルネサンスを反映して比較的、正確なラテン語を使用したが、ドゥオダのラテン語はむしろメロビング期の著者たち（たとえばトゥールのグレゴリウス）のそれに近く、当時のロマンス語との混在、混用という時代の影響は覆いがたく、綴りの変化、文法上の種々の一致の混乱、たとえば動詞の人称と語尾変化の不一致、能動態と受動態との混同など基本的要素における誤りが少なからず見受けられ、また古典の文体を目指しながらも、文章全体の整合性に戸惑い、理解困難な文章もかなり認められる。

こうして見ると、本書には多様な読み方がありうる。まずその内容から言うと、本書は宗教・道徳を教える教訓書であり、西欧キリスト教的教育の伝統の一環として読むことができる。しかし著者の個人的、社会的背景から見ると、本書は子どもの将来と家系の存続と繁栄を願う在俗の一母親の遺訓の書であり、同時に、カロリング期における女性の教養を推測させる書でもある。さらにその歴史的背景から見ると、ドゥオダ一家の運命をめぐる具体的な事例をもって、カロリング社会を取り巻く緊張感を行間に滲ませている（**P. Riche, Dhuoda, Manuel pour mon fils, Paris 1975, p.1-54.** 岩村清太『ヨーロッパ中世の自由学芸と教育』、知泉書館、三一五―三五六頁参照）。

ということは、本書は一見したところごく平凡な宗教的・道徳的内容を並べ立てる在り来たりの書に見えるが、実は以上のような多面的な要素を含むものであり、わが国における西欧中世研究にいささかなりとも寄与しうるものと信じる。このような訳者の思いを是とし、出版事業、多難な折りにもかかわらず、本書の刊行を引き受けられた知泉書館の小山光夫社長と髙野文子氏に心から感謝申し上げる。

平成二十一年十二月

岩村清太

目次

目　次

目　次

目　次

母が子に与うる遺訓の書

――ドゥオダの『手引書』――

はじめに

この小著は、三つの部門から成り立っています。[1] それは、全体をとおして読むことによって明らかになることでしょう。各部の内容、主題にもっともよく見合う表題を付けるとしたら、「規則」(**Norma**)、「規範」(**Forma**)、「手引書」(**Manualis**)となるでしょう。明らかに、この三つの表題は、それぞれみな私たちと関連があります。「規則」は私からのものであり、「規範」はあなたのためのものであり、「手引書」は私からの、あなたのためのもの、つまり私が書きあなたが受け取る書であるということです。

ところで、**manus**(手)(**Manualis** の語幹)には、多くの意味があります。それは、時には神の権力を、時には御子の権力を、[2] また時には御子そのものを指します。神の権力について使徒(ペトロ)は、「神の力強い御手の下に自分を低くせよ」(ペトロの手紙I、五・六)と言い、御子の権力についてダニエルは、[3]「かれの権力は永遠である」(ダニエル書七・一四)と述べています。時として御子自身について、詩編作者はつぎのように歌っています。「天から御手を遣わし」(詩編一四三・七）、つまり高い天からあなたの御子を遣わしてください、と。似たようなこれらすべての例は、神の聖なるお働き、能力について言われています。なぜなら「手」は、聖書によりますと、完全なみ業を示しています。「主の御手が私に臨んだ」（エゼキエル書、三・二二）という表現は、言い換えますと、信じる人々を完成に導く贖いのわざを示しています。同様に、「主の御手が私を支えた」（同上、三・一四）、また「かれ（神）のみ力がかれ（幼子キリスト）とともにあったから」（ルカによる福音書一・六六）とも言われています。

Manualis（の語尾）の **-alis** も多くの意味をもっていますが、しかし私はここで教父たちのことばをもとに三つだけ取り上げることにしましょう。(4) それには、**scopos** つまり目標の意味と、(5) 達成としての成就の意味と、また **senio** つまり完了の意味があります。(6) あるいは、**-alia**（複数形）は光の先触れ、使者を意味し、たしかにそれは夜の終わりをもたらし昼間の時間を告げます。(7) したがって、この **Manualis** ということばには、「無知の終わり」という以外の意味が何かあるでしょうか。そこにはまた、未来の光を予知させる使者も考えられます。それは、「夜は更け、日は近づいた」（ローマの信徒への手紙、一三・一二）、つまり「私は光であり、あなたがたが時間であるならば、私に従え」（ヨハネによる福音書八・一二。九・四―五、一一・九参照）などと言われたキリストご自身を示しています。

さらに、この小著は初めから終わりまで、その形式は詩文の韻律とリズム、また散文の文体をとり、すべてにわたり、すべてにおいて、あなたの魂と体の救いのために書かれていることを知ってください。私は、手ずからあなたあてに書いたこの書をあなたが喜んで手に取り握り締めて欲しいのです。この書を手に取り、頁を繰って読み、できるだけそれを活用するように努めなさい。したがってこの小著は、「手引書」であると言えましょう。ここでことばを発するのは私ですが、それを実践するのはあなたであり、ある人はこのことを次のように言っています。「私は植え、アポロは水を注いだ。しかし成長させてくださったのは神である」（コリントの信徒への手紙Ｉ、三・六）と。子よ、私はここで何を書こうとしているのでしょうか。私はこれまでのあなたの善行を思いつつ、ただ「私は善行のために熱意をもって戦い、信仰を保ち、幸いにも私の人生を走りとおした」（テモテへの手紙Ⅱ、四・七）と言うだけです。ここで働かれるのは、「成し遂げられた」（ヨハネによる福音書、一九・三〇）と言われたお方だけです。実際、私がこの「手引書」において初めから述べることはすべて、ヘブライ語によるもの、またギリシアの学問、ラテン語の表現によるものを活用し、(8)さいごに、神と呼ばれるお方においてまとめ上げたにすぎません。

聖三位一体のみ名において

ドゥオダ(9)がその子ウィルヘルムス(10)のために著わした書のはじまり

わが子ウィルヘルムスよ、世間では、大方の母親が自分の子どもたちと暮らす喜びを味わっているのに対し、私ドゥオダは、自分があなたから遠く引き離されているのを見ていわば苦悩に満たされ、またあなたの役に立ちたいという願望に駆られて、あなたの教育のための手本（鑑）として読んでもらうため、私の名においてこの小著を書き取らせ、送ります。(11) たとえ私は体において不在であっても、この小著があなたの前にあって、あなたがそれを読み、私に対する愛のために何を為すべきかをあなたに思い起こさせることになれば幸いです

本書を要約する銘句

神よ、光の最高の創造者、天と星辰の創始者、永遠の王、ハギオス（Agios）[12]。

私が始めることを、あなたの寛大さをもって完成してください。

私は無知なものであり、あなたに知力を願い求めます。

こうして私は、あなたのみ旨に叶うことを探し求めるものとなり、
現在と未来を駆け巡ることができるようになるでしょう。

あなた（神）は一にして三なるお方、幾世紀にもわたって、
すべての繁栄をご自分に属する人々にもたらされます。

あなたはつねに、各自の功績にふさわしい報いを与え、
ご自分に仕える人たちには天の報酬をもたらされます[13]。

私はひれ伏して創造主なるあなたに、力の限り、深い感謝をささげます。

お願いです。私が天に昇りあなたの右に位置しうるよう、お助けください。

そこでこそ、あなたに仕える人々はみ国の安息に終わりなくとどまることができると、
私は信じているからです。
私は不相応なもので、か弱く、追放の身であり、涙に暮れ、
暗黒に惹かれやすいものではありますが、
しかし、あなたに仕える人々のために罪の赦しを得ることを保証されたお方を
友としてもっています。(14)
天の蒼穹を支え、海と地をみ手におさめる中心であるお方よ、
あなたに私の子ウィルヘルムスを委ねます。かれがいつも繁栄するように
お導きください。
かれが、生涯のいかなる時、いかなる瞬間においても、いかなるものにも優って、
創造主であるあなたを愛するようにしてください。
またかれがあなたの子どもたちとともに速やかにまた喜びのうちに、
頂上を目指して攀じ登ることができますように。
かれの知性がいつもあなたに向かって開かれ、忠実でありますように。

かれがいつまでも幸せに生きますように。

かれが傷つけられてもけっして怒りに走らず、またあなたに仕える人々から離れ迷うことのないようにしてください。

かれが幸せな人生を送り、喜びに満たされますように。また美徳に輝き、天国に到達しますように。

かれがいつも自分にふさわしいすべてのものをあなたに求めますように。

惜しむことなくお与えになるあなたが、かれに知力をお与えくださいますように。

かれがあなたを信じ、愛し、賛美し、聖なる主に繰り返し感謝することを悟りますように。

あなたの恵み、平和、心身の安全が豊かにかれに注がれますように。

かれが、その子孫とともに、この世において栄えますように。またこの世の富を所有しつつ、天上の富に欠けることのないように。

かれが必要な時に、この書を取り上げ、読みますように。また自分の考えを聖人たちのことばに従わせますように。

またかれが、いつ、どのように、自分の力となって支えてくれるかを知るために、あなたから知力を授けられますように。

またかれが、あなたに向かってたゆむことなく四つの徳の道を歩み通すため[15]、
多大な力を持続しますように。

かれが寛大で賢明、正義に満ち、勇気あるものでありますように。

また節制からけっして遠ざかることのないように。

かれがけっして、私のようなものを他に持つことがないように。

私はふさわしくないとはいえ、かれの母親でもあります。

また私は、いつも、いかなる瞬間、いかなる時間にも、全力をあげてあなたに祈り求めます。かれを憐れんでください。

私は、自分のか弱い力をもってかれのためにお願いしながら、
多くの不安にさいなまれています。

すべての善を分け与えられるあなたに、私はすべてにおいて、感謝を込めてかれを委ねます。

王国と祖国との間に対立があるとはいえ、あなただけはつねに不変のままです。

善意の人々は、適切な決着を探していますが、すべてはあなたの善意にかかっています。
王権、権力（ダニエル書、三・一〇〇参照）、全世界に広がる大地全部は
あなたのものです（詩編二三・一参照）。
すべての事物は、あなただけに仕えます。終わりなく支配される主よ、
私の子どもたちを憐れんでください。
この世に生まれた私のふたりのむすこが生きながらえ、つねにあなたを
愛するようにしてくださるよう、お願いします。

読者よ、この詩の意味を知ろうと思うならば、各詩行の冒頭の文字をつないでください。

そうすれば、たやすく、私が書いたことを理解できるでしょう。

ふたりのむすこの母親である私は、いと慈しみ深い創造主に祈るよう、
あなたにお願いします。

創造主が、このふたりの父親を天にまで上げてくださいますように。

またみ国において私をかれらといっしょにおいてくださいますように。

あなたは、Dの文字（で始まる第一の詩行）から読み始めなさい。Mの文字（で始まるさいごの詩行で）全体が終わります。[16] 詩文は以上です。キリストのお助けのもとに、私はむすこたちのために計画した書の執筆に取り掛かります。

まえがき

大多数の人にとって多くの自明のことでも、私にとってはそうではありません。私に似て鈍い心をもっている人々は知力に欠けていますが、私はかれら以上にそうです、と言っても過言ではありません（コリントの信徒への手紙Ⅱ、一一・二三参照）。しかし「口の利けないものの口を開き、幼児にもはっきりと語らせる」（知恵の書一〇・二一）お方が、つねに見守ってくださいます。私ドゥオダは、心は弱く、品位ある女性たちのなかで品位に欠ける暮らしを送るものではありますが、しかしわが子ウィルヘルムスよ、私はあなたの母親であり、今日、この手引書を書いているのは、あなたのためです。(1) 卓上の遊びは、(2) 他の多くの社交的な娯楽のなかで、時として、若者にもっともふさわしくかつ適したものに思われ、またある婦人たちは、夫の気に入られようとして鏡を見て顔の汚れを拭い、きれいに見せようとしますが、これと同じく、あなたは社会と世俗の多くの用務に取り紛れながらも、私があなたのために書くこの小著を、あたかも鏡（鑑）、卓戯でもあるかのように、私を想い起こしてしばしば読むことを怠らないようにしてください。

また、あなたの蔵書がますます増えていくとしても、しばしばこの小本を読むことを楽しみにし、全能の神のお助けによってこれを理解し、役立てることができますように。あなたが、知りたいと思うことはすべて、そこに要約されていることに気づくことでしょう。また、世間だけでなく、「地の塵からあなたを形作られた」(創世記二・七)お方のお気に召すことのできるすべてのことを本書のなかに見出し、この小本があなたの魂の救いを熟視することのできる鏡(鑑)であることを発見することでしょう(3)。わが子ウィルヘルムスよ、あなたは、世間にとって有用なものとなり、またすべてにおいてつねに神のお気に召すものになるという、このふたつの事柄について、必要なことはすべて本書のなかに見出すことでしょう。

わが子ウィルヘルムスよ、私が深く念じていることは、あなたに救いのことばを送ることです。なかでも私が心から切望しているのは、この小著から、神のお恵みによるあなたの誕生について、私があなたに書き知らせようとした証言を汲み取ってくれることです。したがって、まずこの点からはじめるのがよいでしょう。

序　言

キリストのお恵みによってかつて権力の座にあった[1]私たちの君主ルドヴィクス〔ルートヴィヒ敬虔王〕の治世一一年目の八二四年六月二九日に、アーヘンの宮廷において、私は私の主君であなたの父であるベルナルドゥスと正式の妻として結婚しました。[2] そして八二六年一一月二九日、私が信頼していたとおり、神のお助けのもとにあれほど望まれた長子のあなたが私から生まれたのです。

この憐むべき世代の不幸が相次いで起こり悪化していく王国の変移と不和のなかで、[3] 先にあげた皇帝は、たしかに人々と共通の道をたどっていかれました。実際、かれはその治世の二八年目に、早々と地上の生活の負債を返済されました。[4] かれが死去した翌年、八四一年三月二二日に、神のお憐れみにより、あなたに次いで、ユゼスの町[5]で私の胎からあなたの弟が生まれました。あなたがたふたりの主君にして父であるベルナルドゥスが、今あげた町の司教エレファントゥスと他の従者たちの手を借りて[6]自分がいるアキタニアに呼び寄せたとき、[7] かれはまだ幼く、洗礼の恵みを受けていませんでした。

しかし長い間、あなたがたと別れ、主君〔夫〕の命により留まっているこの町において、私はかれの成功を喜びつつも、あなたがたふたりのことを思う気持ちから、わずかな知力をもとに、この小著をあなたのために書き取らせ送ろうと考えたのです。

私は多くの悩みを抱えていますが、ただひとつ望むことは、もしそれが神のお気に召すならば、いつかこの目であなたがたを見ることが神の第一のお望みであって欲しいということです。もし神からいささかなりと嘉せられているならば、私はたしかにそうなることを望んでいます。救いは罪人である私から遠くにあるとはいえ（詩編一一八・一五五参照）、私はそれを欲し、心はこうした願望に悩み苦しんでいます（ヨブ記三〇・一六参照）。

私は、あなたの父ベルナルドゥスがあなたを主君であるカロルス王〔カール禿頭王〕の手に「委託」したことを知りました(8)。私は、あなたが真心からの善意をもって、この高貴な義務を果たすように勧めます。聖書にも言われているように、「何よりもまず神の国を求めなさい。そうすればその他のもの」、つまりあなたの魂と体に必要なものはすべて「みな、加えられるでしょう」（マタイによる福音書六・三三）。序言の終わり(9)。

（訳者注。原文ではここに本書全体の目次があるが、これについては序言注（9）における説明を参照のこと）

第I章

第一項　神を愛すべきこと

神は、天上の天使だけでなく、地上を進んで天上に向かうすべての人間からも愛され、たたえられるべきです。子よ、なかでも私の子であるあなたは、品性と能力を備え神を愛するすべての人々とともに、全力をあげて定められた頂点に駆け上り、かれらとともに、終わりなく存続するみ国に到達しうる手段をつねに探究するようにしなさい。

私は、いわばあなたの眼前に居るかのように、あなたに対し――また、あなたがこの小著を提示し読ませるすべての人に対し――、神についていくつかのことばをあえて述べるという、崇高なしかし同時に危険な仕事に取り組む私の無謀さを咎めたり責めたりすることのないよう、あなたの高貴な出自に訴えてお願いします。たしかに、私自身、自分の人間的弱さを考えるとき[1]、たえず自責の念に駆られます。「私は取るに足りないもの、塵、芥にすぎない」（創世記一八・二七）のです。私は何を述べようとしているのでしょうか。もし太祖や預言者その他の聖人たち、最初の人をはじめ今存命する人々も教えの神秘を完全に理解することができなかったとするならば、ましてか弱く、卑しい生まれの私など、あえて何を言うことができましょうか。もし聖書に言われているとおり、その偉大さのために「天も天の天もそれを抱擁することができない」（列王記上八・二七）とするならば、まったく無知な私に何が言えましょうか。

『創世記』によりますと、至福なるモーセ(2)は神とことばを交すことができるという親しさに意を強くし、あえて神のみ顔を見ようとして、つぎのように言っています。「もしあなたが私にご好意を示してくださるのでしたら、どうか、私に見えるように、あなたのみ顔を見せてください」（出エジプト記三三・一八）。それに対して神は答えられました。「あなたは私の顔を見ることはできない。人は私を見てなお生きていることはできないからである」（同上書三三・二〇）と。もし聖なる人々にとってそうであったとするならば、地上にいる私のような人はどうなると思いますか。このように、直視することを拒否された私の魂は、その願望が強いだけにひどく苦悩しています。

第二項　神を探求すべきこと

子よ、私もあなたも、神を探し求めなければなりません。かれのご意志のままに私たちは造られ、「生き、動き、存在している」（使徒言行録一七・二八）のです。たしかに私は不相応なもの、影のようなはかないものではありますが、しかし、神を知り理解しうるようあらん限りの助けを求め、たえずお願いししています。実際こうしたことは、すべてにわたって、私にとってきわめて必要なことです。なぜなら、時として、牝の子犬も他の雄の子犬たちに混じって、主人の食卓から落ちるパン屑を拾って食べるからであり（マルコによる福音書七・二八参照）、物言わぬ動物の口に語らせたお方は（民数記二二・二八参照）、かつての寛大さをもって私の「心を開き」（ルカによる福音書二四・四五）、「分からせてくださる」（詩編一一八・一二五）からです。ご自分に従う人々のために「荒野において食卓を整えられた」（同上書七七・一九）お方は、お望みならば、そのはしためである私の願いを満たすことがおできになります。少なくとも、その食卓すなわち聖なる教会において、遠くから、子犬たちつまり聖なる祭壇の役務者たちを眺め、私と私のいとしい子ウィルヘルムスあなたとは、霊的知識のパン屑のなかからいくつかの美しく、ふさわしい適切なことばを集めることができます。「かれの憐れみはけっして尽きない」（哀歌三・二二）ことを私は知っています。

神は、すでに過去において、いま現在において、また今後も、同じお方としてとどまり、いつもここに、またどこにでも現存し、すべての善いものをご自分のもとに揃えておられます。神においてはつねに存在があり、それについてかれは「私はアルファであり、オメガである」（ヨハネの黙示録一・八）、「私はある」（出エジプト記三・一四）ものであると言っています。聖書ではまた、「私をあなたがたに遣わしたお方」（同上書三・一四）などと言われています。

第三項　神の偉大さ

わが子ウィルヘルムスよ、神は偉大にして崇高なお方です。かれは、「低い者を見ておられ、遠くから高い者」つまり傲慢なものを「知っておられる」（詩編一三七・六）からです。か弱い人間は高ぶり、「崇高な神はかれから離れます」（同上書七〇・一二）。かれがへりくだると、神は、やさしくかれのもとに降りて来られます。したがって、しばしばあなたはへりくだるようにしなさい、そうすれば、つねにかれによって高められることでしょう（ペトロの手紙Ⅰ、五・六参照）。神は、あなたも私も塵によって造られていることをみ心に留めておられます（詩編一〇二・一四参照）。聖書にはつぎのように書かれています。「かれはご自分の目をもって人の子らを見渡し、探される。目覚めた人、ご自分を求める人はいないか、と」（同上書五二・三）。

また神は、「最初の光から夕方まで」つまり「暁から日没まで」（詩編一一二・三）、いわば母胎を離れる時から死のさいごの瞬間まで、また「最初の暁から夕方まで」つまり最初に創られたアダム[3]からさいごに生まれ世の終わりに死ぬ人まで[4]、私たちの行いを眺めておられるのです[5]。神はか弱い人間が考え、語り、行う一切のことを知っておられ、かれらのうち「だれがご自分のものであるかを知っておられる」（テモテへの手紙Ⅱ、二・一九）のです。かれはつねにかれらを〔滅びの〕淵から引き出して高所に集め、そのみ国に加え、善のために戦う人々にそれぞれの功績にふさわしい報いをお与えになります。

第四項　神の崇高さ

子よ、使徒パウロが(6)言うように、死すべき人間はけっして神の崇高さ、偉大さを完全に知ることはできなかったし、またできません。かれは言っています。「ああ、神の富と知恵と知識のなんと深いことか、だれが神の定めを究め尽くし、神の道を理解し尽くせよう」(ローマの信徒への手紙一一・三三)と。また、つぎのようにも言っています。「いったいだれが主の心を知っていたであろうか。だれが主の相談相手であったろうか」(同上書一一・三四)。「だれが雲の上で主に並びえよう。あるいはだれがかれに似たものになりえよう」(詩編八八・七)。ここでは、だれもなりえないということが言外に言われています。なぜでしょうか。それは「かれだけが人の子らの心を知り」(歴代誌下六・三〇)、「全地に君臨されるいと高き神である」(詩編九六・九)からです。

また私は、影のようにはかないものではありますが、しかし子ウィルヘルムスよ、私にはなお、あなたが神についてより深く理解することができるように、教え込まなければならないことがあります。ただ、非の打ちどころのない話をすることは私にはできませんし、その資格も義務もありません。したがってそれに近い形で、ごく有用な考えをまとめることにしましょう。

第五項　さらに神について

ある学者は、「神を示す語 Deus には、二つの音節と四つの文字がある」と述べていますが、[7]これはまことに価値あることばです。このことに気づき理解するとき、あなたは、Deus という語には、なんと感嘆すべき偉大な神秘が含まれていることか、と言うでしょう。すでに、私はいわば「愚かもののひとり」（サムエル記下一三・一三）として、その最初の文字からはじめましょう。この語のなかでこの文字だけが、この名詞のもつきわめて有用な多くの意味を含んでいるからです。

Deus のはじめに位置する D は、ギリシア人のもとでは Δ, delta と呼ばれています。こうした表記をもつこの文字は、一連の数の序列において四という完全な数を表しています。私たちのラテン語によると、この D は、５００という数になりますが、このこともまた、至聖なる神秘と無縁ではないのです。

1、2、3、4は、それぞれ独自の価値をもつとはいえ、いろいろな組み合わせによって他の数に変化していきます。こうしたことは、学者たちによって明らかにされています。それによると、5の5倍は25であり、それを2倍すると、50という数になります。

ギリシア、ラテン双方の数え方によるこうした二つの読み方には、神と呼ばれるお方について言われることをすべて含むという便利さがあります。5という数は、体の五つの感覚つまり視覚、聴覚、味覚、嗅覚、触覚を指し、4という数は四つのことつまり熱い、寒い、湿った、乾いたという物体の四つの状態と関連があります。あるいはまた四つの徳つまり正義、勇気、知識、節制と関連し、あるいはまた四つの福音書、さらに、知っておくべき、また活用すべき世界の四つの方角つまり東西南北と関連があります。3という数は、完全な数を示します。それは、最初の意味としては、神つまり御父、御子、聖霊を指すと理解されます。あるいはつぎのような三つの賜物もあります。つまり純潔な思考、聖なる話、完全な行いであり、これらすべては神と呼ばれるお方から与えられます。2という数は、活動的生活と観想的生活という二つの生活を指します。あるいはさらに、二つの能力つまり知性と行動を意味し、それは神を愛し、隣人を愛するという二つの掟につながります。1という数は、他のすべての数に先立つ数で、神と呼ばれるお方を指すと理解しなさい(8)。

私があなたに勧めたいのは、諸徳、諸要素、体の感覚、聖なる福音書のことば、また他の教父たちの教えを、心のなかで繰り返し思い起こすということです。正しく思考し、正しく語り、正しく行動することによって、あなたは、「三位にして一体、一体にして三位」(9)なるお方が神と呼ばれるものとして、終わりなくとどまりうることを信じるようになります。かれは、だれも推し測ることのできないお方であり、「かれに向かって夜明けの星はこぞって喜び歌い、神の子らはみな、喜びの声をあげた」(ヨブ記三八・七)と聖書に言われているお方です。神は、「大地の基礎を据え」(同上書三八・四)、「地の上に測り縄を張り」(同上書三八・五)、「海を扉のなかに閉じ込め」(同上書三八・八)、「密雲をその着物として着せた」(同上書三八・九)お方です。もし神がこうしたお方であり、世々にわたってこれらすべてのことを支配されるとするならば、最愛の子ウィルヘルムスよ、かれはまた、あなたを完全さの頂点に導くことのできるお方であり、さらにいっそうの食べ物を与え、成長させてくださるお方です。なぜならあなたが、神とはだれか、どれだけのもの、どのようなお方であるかについて思考しはじめながら、かれに類似する援け手に気づくことも見出すこともできないとき、あなたはそれらすべてをとおして、そこにこそ神がおられることを知ることでしょう。ある詩人が歌っているように、「天と地、深海、太陽と月の球体は、かれ自身が命じて創造され、かれがことばを発し、創られたものである」からです。[10]

世俗における私たちの言い方はこうしたもので、それによって私たちは、自分のものではないものを、どのようなものでも自分の所有にしています。世俗においてある人は、「これは私の王国だ」、「私の王国全土において」などと主張し、「王国とそこに住むすべてのものは主のものである」（詩編二二・二九）ことは考えません。たとえば、不信仰者で極悪の徒であったネブカドネツァルは、[11]打ち負かされ、捕えられ、いわば正気に戻って、つぎのように語っています。「かれ〔神〕は命じ、治める王であり、高める権能をもち、傲慢に暮らすものを低くする力をもち、王国をもち、それをお望みのものにお与えになる」（ダニエル書四・三一、また三・三三）。また他のものは主張して、こう言いました。「地は私のものである」と。かれは、詩編作者のつぎのことばに気づいていないのです。「地は主のもの」（詩編二三・一）、「空の鳥、海路にとびはね泳ぎ回る海の魚も主のもの」（同上書八・九）、「すべての地の境はかれのみ手のうちにあり」（同上書九四・四）、かれはそのなかに住むすべてのものを治め導いていることに。ところが、世俗において私たちは、「これは私のもの、すべてのものもまた」などと、すべてについて主張し、また他の人も同じように言います。かれらは真実を言っています。なぜなら、それらはかれらのものであり、またそうでないからです。かれらはそれらをもっていますが、しかしもっていません。もっているのは暫時のことで、つねにもっているわけではありません。一時もっているだけで、ずっともっているわけではないのです。

子よ、私は〔歴史書を〕読んだことがあると聞いた人々のことを考え、また、私とあなたの親族のある人々に出会ったことがあります。かれらは、世俗において権力者とみなされていましたが、しかし今は、もういません。おそらく、そのふさわしい功徳のために神のみもとにいるのでしょうが、しかし体から言えば、この世には存在しません。私は、かれらその他の人々のために「永遠の安息」を祈ります。ごく小さなものである私もそれについて考え、また死が到来するとき、なにが私に起こるかを知っています。

以上のことから見て、神は、畏れ愛すべきお方であり、たしかに不滅のお方であると信じなければなりません。かれはいつも、衰えることのない力強い王であり、望むことは何でも命じ、創り出されます。実際、すべてはかれの意志と権能にかかっています。「かれの意志に逆らい、『あなたはなぜこうされるのか』と言えるものはだれもいません」(エステル書一三・九。ダニエル書四・三二参照)。かれは全宇宙の神であり、権力、支配、命令はかれのものです。この権能と支配について、いとも聖なる人ダニエルは(12)つぎのように言明しています。「かれの権力は永遠で、奪われることはなく、とこしえに続き、その支配は滅びることはない」と(ダニエル書七・一四)。

第六項　道徳的結論

もろい器である私は何と言ったらよいでしょうか。私は他の多くの人々に頼り、いわば加わることにしましょう。たしかに、もし天地が羊皮紙のように空中に広げられ(詩編一〇三・三参照)、海の深みが固い土に変えられ、すべての仕切が取り払われ、さらに、この世に生を受け地上に住むすべての人が、人類の進歩によって、世の初めから今に至るまでの――このことは自然に反し、不可能なことですが(13)――歴史の記録者であったとしても、かれらは全能なるお方の大きさ、広さ、高さ、崇高な深さを理解することは叶わず、また、神と呼ばれるお方の神性、知識、慈悲、寛大さを語ることはできないでしょう。神とはこうしたお方であり、だれもかれの本質を理解することはできないほど偉大なお方ですので、私は、あなたがかれを畏れ、全身全霊、全知力をあげてかれを愛し、またすべての道、行いにおいて、かれを祝福したたえるように勧めます。「かれは恵み深く、その慈しみは世々に及ぶ」（詩編一〇六・一、一一七・一―二など）からです。

またかれは、上に、下に、内に、外におられることを信じなさい。かれは、より高いもの、より低いもの、より内なるもの、より外なるお方です。[14] かれがより高いお方であると言われるのは、かれは私たちすべてのものを支配し、導いておられるからです。詩編作者が言うように、「かれはいと高きお方であり、その栄光はすべての天を超えて輝く」（詩編一一二・四）からです。かれがより低いお方であると言われるのは、かれは私たちすべてのものを支えておられるからです。また、「われわれは神のなかに生き、動き、存在する」（使徒言行録一七・二八）からであり、私たちがつねに存続するのもかれにおいてだからです。かれがより内なるお方であると言われるのは、「地はあなたのみ業の実りをもって満たされ」（詩編一〇三・一三）、あなたは「すべての生き物を祝福をもって満たされる」（同上書一四四・一六）と聖書にあるように、かれは私たちみなをご自分の恵みをもって満たし飽かされるからです。かれがより外なるお方であると言われるのは、「かれは壁をもって取り囲み、盾として冠をかぶせてくださる」（同上書五・一三、九〇・五参照）と聖書に言われているように、堅固な城壁をもって私たちの周囲を固め、取り囲んで防御し、支え、守護してくださるからです。そしてあなたの母親である私は、小さく、理解力も乏しく、取るに足りないものではありますが、世々に祝される神はこうしたお方であると信じています。アーメン。

第七項　勧　告

気高くいとしいわが子ウィルヘルムスよ、つぎのように勧めます。現世の諸事に忙殺されながらも、多くの書籍を収集することを怠らないように。あなたは、そこから、私が創造主なる神について これまで述べてきた以上のことを、あなたの師であるこれらの聖なる学識者の教えをとおして知ることができるはずです。神に嘆願し、かれを崇め、愛しなさい。そうすれば、神はあなたの守り手、かしら、従士、祖国、「道、真理、生命」（ヨハネによる福音書一四・六）となられます。かれは、この世においてはあなたを大いに繁栄させ、あなたのすべての敵を和平に向かわせます。そしてあなたは、『ヨブ記』にあるように、「男らしく腰に帯をし」（ヨブ記四〇・七）、謙遜な心をもち、体を純潔に保ち、「また威厳と誇りをもって身を飾り、栄光と輝きで身を装うようにしなさい」（同上書四〇・一〇）。

これ以上、何を言うべきでしょうか。子よ、あなたに勧告を与えるドゥオダはいつもそばにいますが、未来において起こりうるようにたとえいなくなったとしても、あなたにはかたみともなるこの訓育の小著があり、あなたは鏡の面を見るようにして、心と体の目をもってそれを読み、また神に祈ることによって、私に対する義務をくわしく見出すことができるでしょう。子よ、あなたはより多くのより有用な教えを提示する教師たちに出会うことでしょうが、しかしあなたの産みの母親と同じような立場に立ち、同じ熱い心をもって教えるものはいないでしょう。私の長子よ。

あなたあてに書いた私のこれらのことばを読み、それを理解し、実行に移しなさい。また、あなたの弟――キリストにおける洗礼の恵みを受けた時の名前を私はまだ知りませんが(15)――にも教え、援け、愛し、ますます善に向かうように励ますことを怠らないように。また、かれが話し読むことができる年齢に達したならば、私が計画し、あなたあてに書いたこの小著、『手引書』(Manuale)をかれにも示し、読むように勧めなさい。かれはあなたの肉親の弟です(創世記三七・二七参照)。私はあなたがたふたりの母親として、両人に勧めます。この世の世俗的業務に取り紛れるふたりが、少なくとも時折、「心を天に挙げ」、「天において支配される」神と呼ばれる「お方を仰ぎ見るように」[16]。不肖の身である私がこれまでしばしば取り上げてきた、あの全能のお方が、あなたがたの父にして私の主君であるベルナルドゥスともども、あなたたちを現世において幸せと悦びをもって満たしすべてにおいて成功させてくださり、人生の終わりには、聖人たちとともに喜びのうちに天国に迎えてくださいますように。アーメン。

第Ⅱ章

第一項　三位一体について(1)

子よ、聖なる三位一体とは、私たちが読んで知っているように、御父、御子、聖霊のことです。私は、この小著の一部において、これについてあえて何を書くことができましょうか。そのための気概も能力も私にはありません。あなたは、正統信仰の教父たちの書を読みなさい。そうすれば三位一体とは何であるかを見出すことでしょう。見出したならばそれを読み取り、信じ、固く保ちなさい。聖なる教父たちは、聖なる三位一体の神秘についてたえず究明し、見出したことを信じ固く保とうとしたからです。

ところで、かれらのうち多くのものが、私たちの主、救い主イエス・キリストの来臨のまえに、いわば鏡を見るようにして三位一体の表象を受けとめ、何とか三位一体を認め礼拝していました。

たとえば、かれらのうちのひとりはマンブレの樫の木の下に座っていたとき、三人の男子が自分の方に歩いて来るのを見ました。かれは、この三人の男子に三位一体の姿を見て、三人に対しあたかもひとりに対するかのように語りかけるなど、しました。[2]「かれは三人を見たが、ひとりを礼拝した」[3]つまり三位における一体、一体における三位、これが三位一体です。

もうひとりの教父は、――その名前はあなたにとっても未知のものではないと思いますが――その歌のなかで、つぎのように述べています。「神が私たちを祝福してくださいますように。私たちの神よ、神が私たちを祝福してくださいますように」（詩編六六・七―八）。かれは、まず「神（Deus）と言うことによって「御父」を示しています。つぎに、再び「神」と言うことによって「御子」を示し、三番目に「神」ということによって「聖霊」を示しています。そして、単数形で「地の果てに至るまで、すべてのものが「神」（単数形）を畏れ敬いますように」（詩編六六・八）と言うことによって、三位における一体、一体における三位が真実であることを信じ、告白し、心を込めて礼拝すべきことを示しているのです。[4]

その他、多くの人がこの神秘について多くの書を著わしたとされています。たとえば、卓越した説教者であったパウロは、[5]この三位一体について、確信をもってつぎのように述べています。

「すべてのものは、かれ〔神〕から出て、かれによって保たれ、かれのうちにある」（ローマの信徒への手紙一一・三六）と。そこで、「かれから」というのは「御父」を示し、「かれによって」と言うのは「御子」を示し、「かれとともに」というのは聖霊を示しています。そして、「かれに栄光あれ」（同上書一一・三六）というのは、先に述べたように、神の権能を同等にもつ三位とそれらの一体性を示しています。また、燃え盛るかまどに投げ込まれた三人の少年は聖なる三位一体の前表をあがめることによって、無傷でそこから出ることができました。

したがって、子よ、あなたは全力をあげて御父、御子、聖霊を信じなさい。これら三位の神性と「栄光がいかに同等であり」、また「その尊厳がいかにともに永遠であることか」。なぜなら「御父があるとおりに御子があり、またそのとおりに聖霊があるからです」[6]。各位はそれぞれの名をもつとはいえ、本性からいってこれらの名は三位を含むものであり、つまり神と言われるものは、御父、御子、聖霊であり、それが三位一体なのです。

それぞれ個別に、三位の属性について説明すると長くなりますので、ただ私はあなたがそれを信じ、愛し、大切にするように勧めます。至らない私がこの小本に書き残したことをあなたは心に留め、信じ、実践しなさい。そうすればあなたは、火のかまどから救い出された少年たちとともに（ダニエル書三・二六参照）、永遠の火の炎を免れ、選ばれた人々の集団に加えられ、終わりのないみ国に入ることができるでしょう。アーメン。

第二項　信、望、愛の実践について

一般に、書物では三つの徳があげられていますが、しかし愛徳（karitas）と呼ばれるものが、他に優る最高の徳です。望徳は、まだ所有していないがしかしそれを得ようと望むことから、こう呼ばれています。あなたは、所有しているものは望みません。それを所有することの利点をすでに実感しているからです。信徳（fides）は、「信頼する」（fidere）から来ています。あなたはあるものあるいは何かの用件を果たすための手段をまだもたないときそれを望み、それを手中にするときそれを保持し、それに頼ります。なぜなら願望をもって望んでいたものをすでに所有し利用しているからです。したがって、そこには持ち続けようという意志だけが残り、それが「愛」（karitas）です。使徒パウロは、つぎのように言っています。「希望と信仰と愛、この三つがあるが、そのうちもっとも大きいものは愛である」（コリントの信徒への手紙I、一三・一三）と。

子よ、地上のものは天上のものがどのようなものであるかを教えてくれます。あなたはこの世俗において探し求め、それを手に入れるとき喜びますが、それが普通です。しかし私は、あなたが願望しあるいは達成することのなかに、今のことだけでなく未来のことも含めるように勧め励まします。あなたは、魂にとって必ず必要なものを熱心に求めなさい。今のことを求め、また未来のことも探しなさい。詩編作者も、「主よ、あなたは命あるものの地で、私の分となってください」（詩編一四一・六）と言っています。かれのことばを信じなさい。そうすれば、すぐに、よいことがあなたに起こります。かれは、「主に信頼し、善を行え」。しばしば「祈れ。主において楽しめ。かれはあなたの心の願いを叶えてくださる」（同上書三六・三、四）などとも言っています。したがって子よ、あなたはいつも、上にあるもの、より崇高なものを追求しなさい。そうすれば、あなたはかれの喜びによって養われることでしょう。かれは忠実で、飢えた人々に対して慈悲深く、真実にご自分を求める人々をすべての善いものをもって満たしてくださるからです（ルカによる福音書一・五三参照）。先に述べたように、あなたは御父と三位一体を信じなさい。そして、かれつまり神と言われるお方に、信仰をもって願い、希望をもって求め、愛をもって働きかけなさい。

あなたは、かれからすべての善いものを受けることを希望し、思考することによってかれを探し、語ることによってかれに願い、行動することによってその助けを求めなさい（マタイによる福音書七・七参照）。これら三つのことを実行することによって、karitas〔愛〕と呼ばれる最高かつ完全な徳に到達するでしょう。Karitas はギリシア語で、ラテン語では dilectio と言います[7]。両語とも、礼拝と畏敬の対象であるいと高き神にもっともよくあてはまることばです。聖書に言われているように、「神は愛であり、愛にとどまる人は神のうちにとどまり、神もその人のうちにとどまる」（ヨハネの手紙I、四・一六）からです。したがって、子よ、あなたは神を愛しなさい。そうすれば、神もあなたを愛してくださいます。神ご自身、言われています。「私を愛するものを私も愛し、そして朝、私を探し求める人は、私を見出す」（箴言八・一七）。また、「見よ、私は戸口に立って叩いている。もし立ち上がって「戸を開ける者があれば、私はなかに入ってその者とともに食事をし、かれもまた私とともに食事をするであろう」（ヨハネの黙示録三・二〇）。そして「私は喜んで、かれを愛する」（ホセア書一四・五）。そして私だけでなく、また「私の父もかれを愛し、父と私とはその人のところに行き一緒に住む」（ヨハネによる福音書一四・二三）と。慈しみ深い神がそのやさしさをもってあなたの父親とその子どもたち、また私を、この会食と住まいに導いてくださいますように。

第三項　畏敬の念（祈りにおける[8]）

「祈り」（oratio）は、「口による説得」（oris ratio）のようなものであると言われています[9]。また畏敬は、真心を込め純粋な考えをもって求めるべき崇高な事柄について言われています[10]。私たちは、地上の権力者に何か大小の便宜を願い出る場合、尊大な態度をとったり、大声をあげたりあるいは不平不満を並べ立てたりするのではなく、むしろへりくだって、求めていることを叶えてくれるように願います。だとするならば、造物主にしてすべての善の与え主に対しては、最高の敬意をもって祈り、願い、求め、見出すべきではないでしょうか（マタイによる福音書七・七参照）。声をあげたりことばを多く並べ立てるのではなく[11]、むしろ最高かつ率直な態度をもって、沈黙のうちに、神がその恵みを与え、同意し、授け、私たちの願いを聞き入れてくださるように求めなければなりません。というのも、昔の教父たちは長広舌をふるって祈ったでしょうか。心を込めて願い、取るべき態度をとってはいなかったでしょうか。なぜでしょうか。それはかれらが、ふさわしい功徳をもち、つねに神のみ前に立っていたからです。

一方、私ドゥオダは、生ぬるく無気力で弱々しく低俗なものに惹かれがちで、長い祈りだけでなく短い祈りにも魅力を感じません。しかし、ご自分に忠実な人々に願い出ることを許されたお方に望みをかけています。子ウィルヘルムスよ、あなたは注意深く行動し、かれに願い求め、短く揺るぎない純粋なことばをもって祈りなさい。教会だけでなくどこにいても、機会あるごとに祈り、こう言いなさい。「憐れみと慈しみに満ち、正しく、やさしく、寛容で真実なお方よ、あなたが創造し、あなたの血をもって贖われたこの被造物を憐れんでください。私を憐れみ、(12)あなたの正しい道を歩ませてください。あなたを信じ、愛し、賛美し、感謝し、また正しい信仰と善良な意志をもってすべてのよいわざを行い完成することができるよう、記憶と知力をお与えください。主なる私の神よ。アーメン」。

神がいつも、昼も夜も、いかなる時間、瞬間にも、あなたを助けてくださるように口で祈り、心で叫び、行いをもって願いなさい。床に就くとき三度、つぎの祈りを唱えなさい。「神よ、私の救いにみ心を向け、急いで、主よ、私を助けてください」(詩編六九・二)(13)。そして「栄光の賛歌」(Gloria)をさいごまで唱えなさい。そのあと、「主の祈り」を唱えなさい。そのあと、つぎのように続けなさい。「主よ、日中、私を守られたように、み旨に叶うならば、今夜もお守りください。あなたの翼の陰に隠してください（詩編一七・八参照）。聖霊に満たされ、堅固な防備によって守られ、天使たちの見張りに囲まれ、今夜、短い休息ではあっても、平和の眠りにつくことができますように。時として目を覚ますことがあるならば、私が眠っているあいだ、梯子の階段において至福なるヤコブに現れた救い主のあなたが守ってくださることを感じますように」（創世記二八・一二参照）と。

この祈りを唱えたあと、あなたを贖われたお方の十字架をまねて額と床の上に十字をしるしつつ、つぎの祈りを唱えなさい。「主よ、私はあなたの十字架を礼拝し、あなたの聖なる復活を信じます。あなたの聖なる十字架は私とともにあります。私は、十字架を知ってからはつねにそれを愛し、つねに礼拝しています。(14) 十字架は私にとって救いであり、守り、後ろ盾であり、つねに避難所です。私にとって十字架は生命であるが、(15) 真理の敵、空しさを求める悪魔よ、お前にとっては死である。私にとって十字架は生命であり、お前にとってはつねに死である」。さらに、「主よ、〔十字をしるしつつ〕私はあなたの十字架を拝み、あなたの栄えある受難を思い起こします。あなたは誕生し、苦しみ、死者のなかから復活することを善しとされ、またあなたは、御父と聖霊とともにおられます。〔十字をしるしつつ〕神なる御父と御子と聖霊の祝福が、あなたの小さな僕の上に降りとどまりますように。アーメン」。

この十字架と祝福が、か弱い私がしばしば取り上げた人々とともにありますように。「ヘルモン[16]に降りる露のように、シオン[17]の山々に滴り落ちる」（詩編一三三・三）、あるいは「かぐわしい油が頭に注がれ、髭に滴り、衣の襟に垂れるアロン[18]の髭に滴る」（同上書一三三・二）と言われているように、あなたがどこに行こうと、神の子ナザレ[19]のイエスの油が、あなたとあなたのあとに私の胎内から生まれた弟の上に注がれますように。もし神のお助けのもとにあなたたちがより多数になったとしても、私が先に注意を喚起したことを、世々に終わりなくつねに生き支配するお方のご配慮とお助けによりみなが享受できますように。アーメン。

さらに、神のご加護のもとに、朝、起きるとき、あるいは慈しみ深いお方がお許しになる時間に、「神よ」と三回繰り返し、そのあと、上述したように「主の祈り」を唱えなさい。それを唱えたあと、つぎのように祈りなさい。「『私の王、私の神よ、立ち上がって私をお助けください』（同上書四三・二七）。私の叫びを受け止めてください。『私はあなたに向かって祈ります。朝ごとに、私の声を聞いてください』（同上書五・三—四）。今日、私の仕事を支えるため、立ち上がって私の判断に御目をとめてください。私の神よ」と。

子よ、これ以上、何か書き加えることがありましょうか。起きたら、いつものとおり履物を履き、「平和の福音を告げる準備をしなさい」（エフェソの信徒への手紙六・一五）。「日に七度、私はあなたを賛美する」（詩編一一八・一六四）と言われているように、定時課を唱え、聖務日課（officium）を終えなさい[20]。これらすべてを整えつつ、あなたがよく知っているあるいは思い浮かぶ詩編（capitulas）を唱えなさい。以上のことが終わったら、定時の祈りを唱えなさい。それから、いと高き神のみ名において、あなたを待っている世俗の用務を果たすようにしなさい。あなたの主君にして父親であるベルナルドゥスの命じたことあるいは主君カロルス（カール禿頭王）が与えた使命を、神がお許しになる限りにおいて果たしなさい。

第四項　同じ主題について

出かけるにあたって、あなたは心の中で神を思い、十字のしるしをし、つぎのように祈りなさい。慈しみ深い父よ、私を憐れんでください。「一歩、一歩、あなたの道を進ませてください」

（詩編一六・五）。「私にあなたの道を歩ませ、あなたの真理のなかを導いてください」（同上書八五・一一）。私の神よ、今日もいつも私をお助けください。私が中傷されることがないように、また私がいかなる不正にも囚われることのないように。むしろ私の心を喜ばせてください。善に向かう「私の心を喜ばせてください」（同上書八五・一一）。あなたのお助けにより、私があなたのみ旨に叶うことを行いつつ夕方を迎えることができますように。さらに私は言いましょう。主なる神よ、「あなたは私を助け、慰められた」（ルツ記二・一三。詩編八五・一七参照）、すべての善をもたらし、生きられるあなたは祝されよ、などと。

第Ⅲ章

第一項　父親を尊敬すべきこと

あなたは、主君にして父親であるベルナルドゥスがあなたの眼前にいるいないにかかわらず、かれを畏れ、愛し、またすべてにおいて忠実に仕えるべきであり、私は力の限りそれを教え込むことをやめないでしょう。あなたは、もっとも知恵に富む教師にして著者であったソロモンを知っているでしょう。(1) わが子よ、かれはあなたを戒め忠告を与えて、つぎのように言っています。「神は、子孫に富む父親をたたえる」(シラ書三・五)、「父親を敬うものはその子どもたちにおいて喜び」(同上書三・五)、「また長寿に恵まれる」(同上書三・六)、「父に従うものは母を安心させ」(同上書三・六)、「自分の父親を尊敬するものは多くの富を蓄える人のようだ」(同上書三・五)、「主を畏れる人は、両親を敬う」(同上書三・八)と。したがって子よ、あなたは地上において長寿を得（出エジプト記二〇・一二参照）、はるかに長く生きることができるように、「あなたの父親を敬い」（シラ書三・八）、かれのために祈りなさい。「実際、かれなしにあなたは生まれてこなかったことを思い起こし」（同上書七・三〇）なさい。あなたは、すべての重要な用務を遂行するにあたって父親に従い、かれの判断を仰ぎなさい（同上書三・二参照）。神のお助けのもとに、父親が長寿に達したならば、年老いたかれの面倒を見るようにしなさい。「生きている間、かれを悲しませてはならず」（同上書三・一二）、「自分に活力があるからといって、かれを軽蔑しない」（同上書三・一三）ように。

あなたは、こうした不敬を働いてはなりません。私は、将来もあってはならないと思うこうしたことがあなたの父親に起こるのを見るよりも、そのまえに、自分の体が土に葬られた方がましだと思っています。私がこのように語るのは、それが起こることを恐れるというより、あなたと似通ったところのない多くの人の間で起こっているこうした大罪が[2]、一度たりとも、あなたの考えに浮かぶことのないよう用心させるためです。あなたは、エリの子どもたちに起こった不幸を忘れてはいないでしょう。かれらは父親の命じたことを軽んじて従わず、そのため、悲惨な死に方をしました（サムエル記上四・一一参照）[3]。アブサロムの木のことにも触れておきましょう[4]。かれは父親に逆らい、予期せぬ死を迎えました。かれは樫の木に宙づりになり、槍に貫かれて、恥ずべき死を遂げ、若さのさなかに、苦しみに呻きつつ地上の生を終えました。地上の国を手にすることなく、また約束された最高の国にも到達できなかったのです（サムエル記下一八・一五参照）。

その他のものについては、何と言ったらよいでしょうか。危険は差し迫っています。この危険を冒すものは、悪を行います。私が呪っているのではなく、聖書は恐るべき呪いを込めて、つぎのように言っています。「父を敬わないものは呪われ」（申命記二七・一六）、「自分を生んだ父親を呪うものは、無残な恐るべき死に方をする」（レビ記二〇・九）と。両親に対して、非道なあるいは残酷なことばを吐くものがそうであるとするならば、かれらを侮辱しその魂を苦しめるような人々には、何が起こると思いますか。聞くところによると、近頃は、過去のことを考慮することなく、今の世は不公平であると考え、罪過に走るものが多くいます。こうした人々あるいは同様な行動をとる人々のなかには、妬み、羨望、災害、不幸が湧き起こり、また憎しみが掻き立てられていきます（創世記三七・八参照）。かれらは、他人から手に入れた財産を確保できずに失い、いつか自分のものを回復するのがやっとです。私は、そうしたことを見たから言うのではなく、あるところでそれを読み聞いたから言うのであり、あなたも聞いているでしょうし、私はたしかに聞きました。過去においてこうした行いをした人々に、将来、何が起こるかを考えなさい。あってはならないことですが、しかしそうした人々がいるならば、神はかれらが悪を悔み、償いをし、回心して救いにふさわしいものになるよう、かれらに悲嘆の涙を与えます。それがだれであれ、あなたはこうした人々を避けるべきであり、いま述べたことを神があなたに悟らせてくださいますように。

子よ、だれでも考えなければならないことがあります。つまりあなたがいつか大人になったならば、反抗的で傲慢な欲深い子孫ではなく、かえって謙虚かつ穏やかで従順な子孫を神が与えてくださり、あなたを楽しませてくださいますように。あなたはこうした子孫を見て喜び、かねて従順な子どもであったものは幸せな父親となるでしょう。こうしたことを考え、そうありたいと望むものはだれでも、このことと、先に言われたことを考え、実行するように。そうすれば、「すべての者が平安のうちに、恵み豊かに暮らすことでしょう」[5]。

したがって、子ウィルヘルムスよ、私の勧告に耳を貸しなさい[6]。「心の耳を傾け、あなたの父親の戒めを守りなさい」（箴言六・二〇）。そして聖なる教父たちのことばに耳を塞ぐことのないようにし、かれらの書を読み、「たえずあなたの心に結びつけていなさい」（同上書六・二一）。こうしてあなたは善の道に進み、「命の年月は増していく」（箴言四・一〇）ことでしょう。「神を祝し、かれに仕え」、教父たちの教えを受け入れ、かれらが命じたことを「心から喜んで果たすものは地を継ぐ」（詩編三六・九、二二）からです。あなたが教えを聞き入れ、私が勧告したことを正しく実行するならば、この地上において、何らかの善を得るだけでなく、聖人たちとともにこの地を所有するようになるでしょう。詩編作者も、「命あるものの地で主の恵みを見るであろう」（同上書二六・一三）と言っています。子よ、あなたがこの地を受け継ぐことができますように。またあなたにそこに生きる準備をさせてくださいますように、世々に生きるお方に祈ります。

第二項　再び父親について

人間の目には、王あるいは皇帝の栄誉と権力はこの世においてより優れたもののように見え、また人々の慣習によりますと、まず王や皇帝の活動と名が尊敬の対象とされ、かれらの権能は、「統治者としての王、あるいは皇帝云々」（ペトロの手紙Ⅰ、二・一三—一四）と言われているようにその尊厳にもとづくとはいえ、しかし子よ、私の考えはこうです。私のつたない知力と考えを言うなら、また神のお考えとしては、あなたはまず、あなたを子としてもつ者に対し特別の忠実かつ確実な服従を尽くすことを怠ってはなりません。だれも、その父親から始めない限り、最高の他の主君に尽くしえないことは、明白かつ不動の条件です。

最愛の子ウィルヘルムスよ、私はあなたにつぎのように勧めます。あなたはこれまで私が書いてきたように、まず神を愛しなさい。つぎにあなたの父親を愛し、畏れ、大切にしなさい。世俗におけるあなたの地位は、かれから来たものであることを弁えなさい。古くから言われているように、父親を愛し恭しくこれに従ったものは、神からまた父親から祝福を受けるに値したことを知りなさい。

第三項　太祖たちの模範

聖書にあるように、ノアの子セムとその兄弟ヤフェトは父親に対する愛を最高に高め、(7) 父親はかれらの頭の上にそれぞれ祝福を注ぎ、「セムとヤフェトの神は祝されよ、神はかれらの天幕に住む」（創世記九・二五―二七）と言いました。また、「かれらは増え、すべての富に満たされよ」

など。ハムあるいはかれと同じような人々については何と言ったらよいでしょうか。それは、あなたに言うまでもないでしょう。むしろ従順であった人たちの模範を理解する方が、よりためになるでしょう。したがって、つねに善良であった人々の模範を取り上げることにしましょう。

父親に従順であったイサクは父親の祝福を受け(8)、この世において妻と子孫、その他多くの富を得ました。聖書では、かれは「笑うもの」(創世記二一・六)つまり「喜ぶもの」と言われています(9)。もし善人を「喜ぶもの」と呼ぶとするならば、無益なもの、傲慢なもの、頑固なものは、当然、「苦しむもの」と呼ばれましょう。同様に、ヤコブは父親を愛し(10)かれに従うことによって、多くの試練と差し迫る危険から救われるに値するものとなりました。かれは、二倍、三倍の祝福を、神からまた地上の父親からあるいはさらに母親から、天使から、受けるに値するものとなりました。聖書はかれについて、「あなたを祝福をもって祝福し、あなたの名を天の星のように増やそう」(詩編一三二・一五)と言い、また、あなたは祝福されイスラエルと呼ばれるであろう(創世記三五・一〇参照)(11)、なぜなら「お前は神に対して強かった。ましてお前は人間に打ち勝つであろうから」(創世記三二・二九)と言っています。

わが子よ、かれらが両親の功績のおかげで、また自分が従順であったために、この世においてどれほどの力をもち神の祝福に値するものになったか、考えてみなさい。もしかれ〔ヤコブ〕においてそうであったとするならば、あなたも、戦い、願い、懇願し、すべてにおいて雄々しく励みなさい。そうすれば、あなたは神と呼ばれるお方から少なくとも祝福を受け、ヤコブとともに分け前に与るにふさわしいものとなるでしょう。かれが象徴しているとおり、罪は清められ、悪習は取り去られ、すべての敵はその寛大さに気圧されてこれに従い一時的にくびきを負うことになります（エレミヤ書二七・一二参照）。世界の創造主は、かれに妻と子孫、多くの富を与え、一方、かれはつねにこの世において幸福で栄え、すべてにおいて神によみせられたものとして描かれています。

かれの子ヨセフについては何を言うべきでしょうか。(12) かれは、もし神が父親の功徳に免じて守らなかったならば、父親のために死を甘んじて受けるほどにかれを愛しこれに従いました。かれは、陰謀に嵌められ、父親への従順のために訴えられ、また兄弟たちのもとに送られ、売り渡されました（創世記三七・一―三六参照）。かれは女たちの淫猥から身を守り、逃げてこれを避け、神に対して精神の純粋さを保ち、この世の主君に対しては体の純潔さを保ち、その従者たちのだれよりも愛されるに値するものになりました。かれは投獄され、責め苦を受けひどく痛めつけられました（同上書三九・一―二三参照）。かれは、こうしたことをすべて父親のために甘受し、つねにすべてにおいて神に感謝しました。かれは、ここに書いたこと、あるいはその他多くの苦しみ悩みから解放され、最高の顧問、夢判断者とされ、最高位の印章を与えられ、権力者になりました。そして功績により、王宮において王に次ぐものとなり、他の者に優る地位に就いたのでした（創世記四〇・一―四一、四四参照）。

かれは、「育ち盛りの子ヨセフ」、「育ち盛りの子」（創世記四九・二二）と呼ばれ、エジプト人は、かれの広大な愛のやさしさのために、かれの名前を変えて、「世の救い主」、支配者（同上書四一・四五参照）と呼びました。かれの顔は美しく、その魂はいっそう美しく、風貌は凛々しく、その心は謙遜でした。これ以上、何を加えるべきでしょうか。かれはきわめて才知に長け、この世のことを楽しみ、すべてにおいて神と人とにつねに喜ばれていました。かれは父と兄弟たちを導き、エジプト全土を支配し、地上の生活を平和裡に終えました。またかれは、「徳から徳へと」（詩編八三・八）進み、謙遜、純潔、また従順をもって、神に結ばれるに値するものになりました。かれは最高に光り輝き、栄光のうちに聖人たちとともに支配しました。こうしたことはすべて、父親に対するかれの態度の結果なのです。

その他多くの人が、神に服従し父親の命令に忠実に従うことによって、この世において品位あるものよみせられるものとなり、傷つけられることなく、最高の目的に確実に到達しました。もしいと高きお方があなたに子孫をお与えになったならば、かれらに起こったことがあなたにも起こりますように。子よ、服従と尊敬についてこれまで述べてきたことに、何を加えるべきでしょうか。私はあなたを励まし、また勧めます。然る可き人々に対して為すべきことをふさわしく行いなさい。よい行いをたえず実行し、天地の創造者である神と呼ばれるお方に向かって、つねに成長し続けていってください。聖書はかれについて、「かれは両親に仕えていた」(ルカによる福音書二・五一)と言っています。人類の贖い主があなたを成長させ、進歩させ、神と人々のまえに、年と知恵において成長させてくださいますように(同上書七・五二参照)。永遠のみ国に住み、すべての可能な善をもたらす私たちの主イエス・キリストが、あなたの願いを叶えてくださいますように。アーメン。

第四項　主君に対して取るべき態度について

あなたが主君として仕えるカロルスは、[13]私が信ずるところでは、神とあなたの父親ベルナルドゥスが、若い盛りのあなたが仕えるべきお方として、生涯のはじめから選んだお方です。かれはまた、どちらから言っても、勢力ある高貴な家系の出であることを弁えなさい。かれの眼にとまることだけでなく、霊肉双方にわたって、あなたの力の限りかれに仕えなさい。すべてにおいて、純粋かつ確実、有用な忠誠を尽くしなさい。

また太祖アブラハムが子どもの妻を探しに遠国に旅立たせた召使が、どれほどの奉仕をしたかを考えなさい[14]（創世記二四章参照）。かれに命令したお方への信仰と召使のすぐれた従順によってその使命は達成され、その妻は多くの子どもをもうけ、大きな富をもって偉大な祝福を得ました（創世記第二一―二五章参照）。ヨアブ[15]、アブネル[16]、その他ダビデ王[17]に対する多くの人々の態度について、何を言うべきでしょうか。かれらは至る所で、王のために危険を冒しながら、全力をあげて自分よりもかれの意を満たそうと努めたのでした。その他、聖書に書かれている多くの人々も、主君の命じたことを忠実に果たしたのではなかったでしょうか。かれらは、注意深く力強く行動することによってこの世において栄えるものとなるに値しました。実際、聖書によりますと、すべての栄誉と権力は神から与えられています。したがって、主君に対しては不満、冷淡、怠惰をもってではなく、忠実に仕えなければなりません。聖書にも、「神に由来しない権威はなく……権威に逆らうものは神の定めに背くことになる」(ローマの信徒への手紙一三・一―二)と書かれています。[18]

したがって子よ、あなたが今もっている忠実さを、生涯にわたって心と体をもって保っていきなさい。そうすれば、私が思うにはあなたはいよいよ進歩し、そのことはあなたの従者たちにとっても大いに益することでしょう。けっして一度たりとも、不忠という愚行をもって恥ずべき過ちを犯してはなりません。いかなる事においても、けっしてあなたの主君に背こうという考えを起こしたり、募らせることがあってはなりません。こうした行動をとる人々については、厳しい最悪のことが言われています。しかし私は、そうしたことがあなたあるいはあなたの仲間に起こるとは思いません。言われているように、こうした態度はあなたの祖先にはけっして見られませんでした。そうした態度は、今もなく、また将来もないでしょう。

したがって、わが子ウィルヘルムスよ、このような家系から出たあなたは、上に述べたように、あなたの主君に対して、真実で、注意深く、有用なもの、卓越したものでありなさい。王の権能に役立つすべての用務において、神があなたにお与えになった力の及ぶ限り、内的、外的に、賢明に振舞うように努めなさい。格言集や先賢の聖なる教父たちの伝記を読み[19]、主君に対し、どれほど、またどのように仕え、すべてにおいて忠実であるべきかを学ぶようにしなさい。それが分かったならば、主君の命令を忠実に果たすように努めなさい。さらに、忠実かつ熱心に仕える人々に注目し、その行いを観察することによって、奉仕の在り方を学ぶようにしなさい。かれらの模範を身につけたあなたは、私が先に述べたことを、神のご加護とお助けのもとにより容易に果たすことができるでしょう。神とあなたの主君が、すべてにおいてあなたに対し、慈悲深く、やさしくしてくださいますように。また、かれがあなたの保護者、情け深い指導者、あなたのすべての行為における絶えざる援助者、守護者でありますように。「み旨が天に行われるとおり、そうなりますように」（マカバイ記Ⅰ、三・六〇）。

第五項　助言を受け入れること[20]

いつか、高位の人々に混じって評議会に列するほどに、神があなたを成長させてくださったならば、なにを、いつ、だれに、あるいはどのように、当を得た適切な助言を提示できるかを賢明に吟味しなさい。また、あなたの心と体とを忠実なものとして育ててくれる人々の助言に従って行動しなさい。「すべては、助言をもとに行いなさい、そうすれば後で悔むことはないでしょう」(シラ書三二・一九)。ここで言われている「すべて」とは、健全な判断を邪魔する悪の混ざったものではなく、より崇高でより有効なもの、魂と同様、体の救いに役立ちうるもの、何事があっても揺らぐことなく、非の打ちどころのないもののことです。ある人はこう言っています。「私が語ったことは変わらない」(サムエル記下一九・二九)と。

金属を加工するものは、金を伸ばすにあたって、使用される金がよりいっそう光沢を増すのに適した都合のよい日と時期、時間あるいは天候を待ちます。それと同じく、賢人たちの判断は、すべてにわたって、つねに熟慮を伴うものでなければなりません。良識のある人のことばは蜜よりも甘く、雪よりも純白で、金銀よりも純粋なものです。なぜでしょうか。「賢明な人の口からは蜜が出」(詩編一一八・一〇三)、「優雅さは金銀にまさる」(箴言二二・一)と聖書にも書かれているように、高位にある人の「唇は蜜を滴らせ」(雅歌四・一一)、「かれのことばには汚れがなく」、そのことばは火で練り清められているからです(詩編一二・七、一八・三一参照)。

愚かさの支配するところに、富はありません。しかしいつも優雅な話でたえず取り上げられることには、不足するものは何もないし、反対するものもありません（シラ書六・五参照）。賢人のなかに加わろうと努力する者はだれでも、神と人々に受け入れられ、すべてにおいて、いつも主君に喜ばれます。かれは金のように鍛錬され、雪よりも白く漂白され、目立つからです。聖書にも、「賢者たちの口は雪よりも白くなり」（詩編五〇・九）、「かれらの唇は喜びの唇となるであろう」（詩編六二・六）と書かれています。そうした賢者は、助言を求められるとき、理にかなった仕方でキリストとともに留まるよい行いを実行しつつ、神と人々とに有用なことばを準備するのです。

子よ、あなたは、神を信じ、畏れ、愛しなさい。あなたは、青春の真っただなかにあって、かれとともに留まることをおろそかにしてはなりません。神に知恵を願いなさい。そうすれば、かれはそれをお与えになります。使徒ヤコブもつぎのように言っています。[21]「あなたがたのなかで知恵の欠けている人がいれば、だれにでも、惜しみなくとがめ立てしないでお与えになる神に願え。いささかも疑わず願え、そうすればその人には与えられる」（ヤコブの手紙一・五、六）と。なぜなら、神は人が願い出るのを望んでおられるのです。神ご自身、つぎのように励ましておられます。「願い、探し、門を叩きなさい。そうすればあなたたちは見つけ、受け、満たされるであろう」（マタイによる福音書七・七）と。私は、神のすぐれた無償の憐れみに信頼し、ふさわしい純粋な心の愛情をもって神に願う者は、知恵と助言あるいは体に必要なその他のものを与えられると信じることによって受け満たされる、と確信しています（マルコによる福音書一一・二四参照）。

したがって、子よ、ある祈りの人が自作の詩に書いているように、あなたは祈り、願い、そしてかれとともに言いなさい。「神よ、称賛、賛美、権力はあなたにふさわしい。すべてに富む神よ、私に知恵をお与えください」。また、「あなたの傍らにいる知恵を私に授け、あなたの子らのなかから私を取り除かないでください。あなたの栄光の座から知恵を送ってください。知恵が私とともにいて、私とともに成長し、私とともに働き」（知恵の書九・四、一〇）、「こうして、私は善悪を判断することができ」（列王記上三・九）、よりよいものを選びとることができるでしょう、と。この知恵を愛しなさい、若い時からそれをしばしば神に乞い求めなさい。慈悲深いお方があなたに知恵をお与えになったならば、それを大事にしなさい。それはあなたを取り込み、あなたがそれを保持するならば、より幸せになるでしょう。

あなたは年長者だけでなく、神を愛し知恵を学ぶ若者たちとも交わることを怠らないように勧めます。老人が力を蓄えたのは、青春の真っ盛りにおいてです。ある人は、つぎのように言っています。「若いときに〔知恵を〕身につけずに、年老いてからどうやってそれを手に入れるのか」(シラ書二五・三)と。あなたは主にそれを願い、こう言いなさい。「神よ、若いときから老人になり老いるまで私に教えてください。慈しみ深い父よ、私を見捨てないでください」(詩編七〇・一七―一八)と。子よ、もしかれから教えを受けるならば、あなたは幸福なものとなり、また神の掟に詳しいものになることでしょう。たしかに、若者であったサムエル(22)とダニエル(23)は、その青春の若さのなかにありながら、太祖たちと同じように老人たちを「裁きました(24)」。そしてこのふたりは、この世において王の有力な助言者になり、異邦人のかしらとなりました。かれらが与える助言は誠実で、かれらはそれにふさわしい報いを受け、勝利の栄冠を受けるに値するものとなりました。

また、むかしの太祖たちの態度をごらんなさい。たとえばファラオに仕えたヨセフ(25)、ネブカドネツァル(26)、ベルシャツァル(27)、ダレイオス(28)(ダニエル書第一章―六章参照)、またペルシア人やメディア人のかしらたちに対するダニエルの態度について考えてみなさい(同上書第一〇章―一二章参照(29))。かれらは自分の考えを変えることなく、いつもきわめて有用な助言を与えていました。モーセのしゅうとであったエトロを忘れてはなりません。かれはモーセにとってどれほど重要な助言者であったことか（出エジプト記一八・一―二七参照）。アキオル[30]は異邦人の軍隊の指揮者ホロフェルネス[31]に対し（ユディト記五・五―二一参照）、またその他多くのものが友人たちあるいは近親者たちに、誠実できわめて正しい助言を与えたことを忘れてはなりません。こうすることによって、かれらは助言を与えたものから自分を解放し、魂の救いと富とをかち取ったのです。聖書におけるかれらの栄誉は明白で、かれらは他のすべてのものに優ってたたえられています。なぜでしょうか。神は「かれらを試したあとふさわしいものと判断し」（知恵の書三・五）、かれらを心身において謙遜、純潔で、鍛錬された感覚をもつものとし（ヘブライ人への手紙五・一四参照）、鍛錬された金のようにしてご自分に引き寄せ、いわば犠牲の献げ物として、かれらの心だけでなく体をも（知恵の書三・六参照）、み国において聖人たちに加えてくださったことは疑いありません。

子よ、卑しく、不幸で、取るに足りない私ドゥオダは、あなたについて何を言うべきでしょうか。私は、神と呼ばれるお方がかつてかれらとその同類のものに対して働きかけられたように、今、力強い若さのなかにあるあなたにたえず働きかけてくださるように祈ります。つねに、「み旨がかれに行われたように、あなたにも行われますように」（マカバイ記Ⅰ、三・六〇）。

第六項　再び助言者について

少なからぬ人々が、自分を助言者と思い込んでいますが実はそうではなく、また知恵あるものと思い込んでいますがそうではありません。「控え目に言っても、私はかれら以上にそうなのです」（コリントの信徒への手紙Ⅱ、一一・二三）。しかしそれは、あらん限りの善をお持ちのお方のせいではありません。たしかに、すぐれた助言を与える人はいますが、しかしその方法は適切ではなく、かれらにも他の人にも実りをもたらしません。なぜでしょうか。その助言が、完全で最高のものを目指していないからです。多くのものが悪い助言を提言し、それは実行するにたえないからです。かれらは、多くの事柄についてさまざまな仕方で行動します。過去においては、品位のある有用で真実な方が多くいましたが、今日では、たしかに多くの点でかれらと違う人々がいます。私たちは、これにどう対処すべきでしょうか。世俗では、多くのことでそれが明らかです。聖書も、「不義がはびこるので、多くの人の間で愛が冷えている」（マタイによる福音書二四・一二）と言っています。こうした混乱のなかで、人はだれを助言者として選ぶか、あるいはまずだれを信頼していいのか分からず、また多くの人のなかでだれに望みを託すべきか、確信をもちえないでいます。『同義語』(Sinonima)を読みなさい[32]。

しかし子よ、ここでも失望してはなりません。私が思うには、先賢の子孫のなかには、神のお助けのもと、自分と主君にとって有用な適切かつ時宜を得た助言を提言することができ、また知っているものが多数います。かれらの助言はすべて、いと高きものと呼ばれるお方のなかで考え出されています。聖書にも、「エジプトには医者はいないのか、ギレアドには乳香はないのか」(エレミヤ書八・二二)。列王記下一・三、ミカ書四・九参照)と言われています[33]。カナアンには水はないのか、イスラエルには助言者はいないのか、など[34]。たしかにいます。多くの人のなかに知力が認められます。世を照らすお方、偉大な助言の天使である主は、ご自分に属するものを知っておられ、かれらに魂の救いにふさわしいことばをかけられます。かれは、当時も今もおられるお方であり、かつては先祖のなかに今は若者たちのなかにおられ、あなたのなかにも出入りしておられます[35]。そのお方が、あなたにふさわしい主君の命ずるままに、栄えある王にともに仕えるあなたを動かし、最高の正しい助言をもたせてくださいますように。アーメン。

第七項　同じ主題に関する特別な勧告

あなたがそうしたものになりうるためには、すべては全能の神の意志と権能にかかっています。もし最高の創造主のお助けによって、先に話したような年齢に達したならば、あなたは悪友を避け、善人と交わるようにしなさい。悪人から逃げ(36)、正しい人と仲良くしなさい。悪意を抱いているもの、卑怯なもの、あるいは短気なものに助言を求めてはなりません。こうした人は穀蛾《こくが》のようにあなたを悩ませ(37)、かれ自身、けっして自分が指示したことに確信はもちえないのです。なぜなら怒りとそれに伴う習慣化された妬みは容易にかれを失敗させ、深淵に落とし込むからです。

あなたの運命が、アヒトフェル(38)やハマン(39)のそれと同じにならないように祈ります。かれらは悪意に満ち、傲慢で、助言したことは一遍で失敗に帰しました。かれらは邪悪な助言を主君に与え、体と同様、魂においても死に値するものとなりました。子よ、あなたは、エドム人のドエグ(40)（サムエル記上二一・八、二二・九―二二参照）、謙譲な人であったモルデカイ(41)（エステル記六・二参照）(42)のような人たちとともに仕えるようにしなさい。アヒトフェルは、アブサロムの気に入るために、その父ダビデに反抗するなどという邪悪な助言を与えました。しかしかれの間違った助言は、神の「意志によって」失敗しました（サムエル記下一七・一—一三参照）。しかしクシとドニクは、揺るぎない人〔ダビデ〕ときわめて固く結びつき、その助言は不変なままでした（同上書一五・三二—三七参照）。これに対しハマンは、傲慢と妬みの心から、イスラエルの子らを滅ぼそうと考え、クセルクセスに悪意に満ちた助言を与えました（列王記下二一・一九—二六参照）。しかしモルデカイは、自分と民の解放のために神のお助けを祈り、いま名前をあげた王に重大な助言を与え、かれを解放し、報復するという忠誠のしるしを示して、こう言っています。「王よ、よくお考えください」など、と。(43)

神の摂理によって、ひとりの人間は、その民とともに救われるに値するものとなりました。これに反して傲慢なものは、その全家族とともに、何の得るところもなく妬みに身を焦がしつつ、謙遜なものを滅ぼすために用意された仕置きの場に向かい、そこで吊るされ（エステル記七・一〇参照）、悪はかれに戻って来たのです。かれだけが、その生命と体を最悪の結末に導きました。つぎの聖書のことばは、かれとその同類のものにおいて実現されました。「かれは恨みのなかに身ごもり、不義を産んだ」（詩編七・一五）。罪のない兄弟に対して悪を企んだものが、真っ先に死に飛び込んだのです。不信な人々を憐れむ慈しみの神は、悔悛をもってすべての人がご自分のもとに帰ることを望んでいます。「実際、神は、欺くものがだれかを知っており、欺くものを欺くものがだれかを知っておられる」（ヨブ記一二・一六）のです。

したがってわが子ウィルヘルムスよ、あなたもよく注意し、こうした類の悪人たちを避けなさい。善を追求する賢者たち、主君たちの意志にまじめに服従することによって神と世間からふさわしい多大な報いを受けるに値するものとなった人々と交わるようにしなさい。これが、かれらのかつての態度でした。私は、それが今も、毎日、つねにあなたのなかで培われていくように祈っています。最愛の子よ。

第八項　主君の親族に対して

あなたの主君にして王権をもつお方の、高名にして栄えある高貴な親族、近親者に対しては――かれらの尊厳は父祖の系譜あるいは結婚から来ている――、もしあなたが戦場あるいは王宮や皇居に同輩たちとともに仕え、あるいはその他どこかで任務に就くことになったならば、かれらに対し畏敬、愛、尊敬、愛情をもって接しなさい。かれらに有用なすべての用務において、適切かつ無私無欲な心身両面にわたる忠実な行動をもって、すべてにおいて落ち度のない奉仕を尽くしなさい。[44]

サウル王の子ヨナタン[45]に対するダビデ[46]の態度を思い起こしてください。かれは、王とその子、さらにその子孫と親しく交わり、かれらの存命中だけでなくその死後も、自分が生きている間ずっと、かれらに対し、すべてにおいて私心のない忠実な真の支持者でした（サムエル記下一・一―二七参照）。かれらの死後、ダビデは多くの甘美な愛を思い出して涙に暮れひどく嘆いて、つぎのように言っています。「勇士たちは戦いのさなかに倒れた」（サムエル記下一・二五）、「戦いの武器は失われた」（同上書一・二七）と。また、「あなたを思って私は悲しむ。兄弟ヨナタンよ、他にまさる愛をもって愛されるべきものよ」（同上書一・二六）、「獅子よりも雄々しく、鷲よりも速かったものよ」（同上書一・二三）、「高貴な子よ、あなたの矢は、けっして後戻りしなかった」（同上書一・二二）など。ダビデはその他多くのことを思い出し、王子〔ヨナタン〕とその従者たちが受けた苦難に押しひしがれ、嘆き悲しみました。こうした運命が、あなたとあなたの同輩に起こりませんように。

私は、あなたの手本とするために、これを筆記させました。実際、平静に戻ったダビデは、きわめて強い忠誠心によっていわば慰められ、感動にあふれる賛辞をもって、つぎのように述べています。「その生涯において、愛され喜ばれたサウルとヨナタンは、死に臨んでも離れることはなかった」（サムエル記下一・二三）と。さらに、多くの主君やその親族は、命じられたことを忠実に果たしたからこそ、聖書において、明白かつ見事に称賛されています。『列王記』その他の太祖たちの書を読みなさい。(47) そこに、より多くの手本を見出すことでしょう。

わが子ウィルヘルムスよ、あなたは精魂込めて奉仕の仕来りに従い、あなたの主君カロルス〔カール禿頭王〕がどのような人物であるにせよ、(48) かれと、王家の出であるかれの男女の高貴な近親者に仕えなさい。実際、これらの奉仕は、あなたにとりまた王権に仕えるすべての従士にとってふさわしいことです。私は、あなたがかれらのなかにあって、全力をあげて、有効かつ忠実に、最高の奉仕を尽くすことを希望します。神は、王国においてかれらを選び、アブラハム、(49) イサク、(50) ヤコブ(51)（創世記一一―一五章参照）と、かれらの高貴な子どもたちと子孫に約束した光栄にきわめてよく似た栄光を与えるべく予定されている、と私たちは信じているからです。

全能にして崇むべき強大な王にして光輝ある最高のお方がかれらを一致、和合させ、兄弟たちの手本にならいこの世における平和を求めるかれらに、首尾よくそれを実現させてくださいますように。またかれらが世界と民族を神と聖人たちへの奉仕へと力強く導き、帝国の各地から侵入を図る敵軍の攻撃に耐え、防御し、また神の聖なる教会を真の宗教としてキリストにおいてより固く一致させるものとしてくださいますように。またその子どもたちが神のお気に召すものに成長し、栄え、長い年月をかけて頂点に達し、辛抱強く生涯をおくったあと、幸福を得るのを見ることができますように。さらに、この世の生命を終えたあと、先にあげた太祖たちとともに天の国に座を占めることができますように。すべての人に報いられるお方、すべての善行を可能にされるお方が、主君に忠実に奉仕しようと努めるあなたを、ご自分に対する善行の報いを豊かに受ける人々とともにその王国と聖なる栄光にあずからせ、幸せのうちにキリストのもとに集めてくださいますように。

第九項　高位高官に対して

高官と顧問たち、また忠実に仕える同様の人々に対しては、その一人ひとり全部また全体の一人ひとりを、かれらが宮廷において際立ったものであるか否かにかかわらず深く愛し、敬い、奉仕しなさい。これら高貴な人々の模範に謙虚に注目し、しっかりと記憶にとどめなさい。宮廷のような広大な家ではかつてそうであったように、また慈しみ深い神がお望みならば今でも、多くの交わりがあります。もし望むならば、そこではあるものは他のものから、謙遜、愛、貞潔、忍耐、寛容、謙虚さ、節度、賢さ、その他すべての徳を、善に対する熱意とともに学び取ることができます。

したがって子よ、成長のさなかにある子どもとして、（創世記四九・二二参照）最高のお方のお助けのもとに、まず神のお気に召すものになりうるよう、年長者や分別のある人々からすべてのよいものを学び取りなさい。あなたの親族、近親者、同輩、親友との交わりにおいては、主君に対する不忠の咎めを受けることなく、あらゆる善を熱心に求めつつ、ふさわしくまた称賛に値する至福の生を送るように勧めます。「幼児の口から……」（詩編八・三）と書かれているとおり、子どもたちのことばをもってご自分に対する賛美を豊かに語らせるあのお方が、あなたを雄弁にし、神を畏れる高位高官の人々とともに最高の段階に昇らせてくださいますように。

第十項　年長者、年少者との協調

今さら私が言うまでもありませんが、貴族も身分の低いものも、年長者、高位高官の模範を見習うべきであり、私から離れているあなたは、そのことをしばしば目にしていることでしょう。しかし他方、年少者も年長者の模範になりうることを疑ってはなりません。したがって私は、あなたが大小の奉仕においてかれらと交わることを勧め、またかれらもあなたと交わって欲しいと願っています。

天地における善を創り出すのは、神です。かれは、もっとも小さなものたちのために、地上におけるご自分の在り方を示されました。博学者たちが言うように、神はすべてのものの最高の創造者でありながら、奴隷の形をお取りになりました（フィリピの信徒への手紙二・七参照）。かれは、力ある者を低くするために高め、へりくだるものをより高くあげてくださいます（ルカによる福音書一・五二参照）。預言者も言っているように、かれ自身、「千人のなかでもっとも小さいもの、強大な国のなかで、もっとも弱いものであり」（イザヤ書六・二二）、また、もっとも小さく劣ったもののなかで、偉大で強くたくましいお方です。私たちの信じるところによれば、私たちの体と魂の創造主、司牧者、支配者はひとり、それは先にあげたお方です。私たちはみな、支配に関すると思われるものは何であれ、すべてかれから受けています。実際、すべての偉大な分別のある被造物が、大小にかかわらず、自分の創造主に奉仕し、賛美することは疑いないところであり、またふさわしいことです。聖書の権威によりますと、「老人は若者たちとともに」（詩編一四八・一二）、また地はそこに生ずるすべての物とともに主をたたえ、賛美しています。

聖書には、つぎのように要約されています。「息のあるすべてのものは、主を賛美する」（詩編一五〇・六）と。神は人類の創始者で、偉大なものにも小さいものにも、それぞれの能力に応じ、またその功徳に対して、ご自分の望みどおりに恩恵を与え、拒むことはありません。かれは、「人を分け隔てしないお方で」（使徒言行録一〇・三四）、「かれを畏れ」（同上書一〇・三五）ご自分の意思を行うすべてのものをよみされるのです。

あれほど偉大な神が、もっとも小さなものに対しこのように振舞われるとするならば、もっとも小さな私たちは年少者に対しどのように接すべきでしょうか。能力のあるものはかれらを助け、使徒〔パウロ〕のことばと勧告にしたがって、互いに重荷を担い（ガラテヤの信徒への手紙六・二参照）、健康なものは弱いものを、力のあるものはより劣るものを助け、そうすれば、より弱いものは強いものとともに力をもつものとなり、より偉大なものに約束された高みによじ登ることができるようになります。使徒はつぎのように言っています。「能力があり強いあなたたちは弱いものの弱さを担うべきであり」（ローマの信徒への手紙一五・一）、「あなたがたのゆとりがかれらの貧窮と欠乏を補うように」（コリントの信徒への手紙Ⅱ、八・一四）など。

したがって子よ、あなたは、同輩の間で外形ではもっとも小さいもののように見えても、しかし上述したような高貴な人々の模範の内容と形に注目し、これを模倣することを怠らないように勧めます。年長者を自分より高貴なものと考え、同等のものを自分より上のものと考えなさい。それは、かれらと結び付くことにより、あなたの先祖の栄誉を高めるためです。あなたは、かれらがあなたの上にあることを喜び、へりくだってかれらの模範に従いなさい。お願いします。例をあげましょう。聖書がある人について書いている隠喩を思い起こしてください。「かれはあらゆる人に手を振り上げ、人々もかれに手を振り上げる」（創世記一六・一二）など。私はこの短文をよい意味に解釈し、あなたの手が善行に速やかに取り組み、すべてにおいて、こうしたものになって欲しいと願っています。私はあなたが年長者、年少者、同輩、また貧しいものに対し、できるだけまた為しうる限り、ことばだけでなく行いをもって、それも心のこもったことばを交わしつつ奉仕と尊敬を尽くすように勧めます。人に与えることについては、「喜んで与える人を神は愛される」（コリントの信徒への手紙Ⅱ、九・七）と聖書にも書かれています。ことばについては、「最良の賜物」（ヤコブの手紙一・一七）というすぐれた聖書の表現もあります。あなたは、これらふたつのことを果たさなければなりません。もしあなたが、皆に対して喜んでこれを実行しようと努めるなら、先に言われたことがあなたのなかに実現されます。つまり「あなたの手」が喜んで奉仕しつつ「すべての人に」与えるならば、「すべての人の手」もあなたを助け、あるいはあなたの功徳に対して相応のものを保証してくれます。

すべての人から愛されるために、すべての人を愛しなさい。大切にされたいように大切にしなさい。もしあなたがすべての人を愛するなら、すべての人もあなたを愛します。もしあなた〔単数形〕が愛するなら、かれら〔複数形〕もあなたを愛します。詩人ドナトゥスの『文典』（Ars）

にも、[53]「私はあなたを愛し、そしてあなたから私は愛される」、「私はあなたを抱擁し、そしてあなたから私は抱擁される」[54]、「私はあなたを大切にし、そしてあなたから私は大切にされる」、「私はあなたを知り、そして私はあなたから知られる」と書かれています。また、「私が、私の、私に、あるいは私から、おお、私によって」[55]、そして、複数形では、「かれらを、かれらの、かれらに、おお、かれらによって」と言われ、それ以外にも似たような例があります。

したがって、子ウィルヘルムスよ、あなたが受け入れてもらいたい人あるいは人々を大切にし、愛し受け入れなさい。すべての人を愛し、尊敬し、認め、たたえなさい。それは、あなたがすべての人からふさわしい敬意を受け、相互に援助し合うためです。ある学者は、ことばをもたない動物から例をとって、示唆に富むきわめて明瞭なつぎのような短いことばを述べています。実際、詩編四一では、「鹿のように、云々」(詩編四一・一二)と言われていますが[56]、鹿にはつぎのような習慣があります。かれらは群になって、波立つ海あるいは川を渡ろうとするとき、それぞれ前を泳ぐ鹿の背に自分の頭と角を乗せ、互いに首を支え、こうしていくらか楽にまたより容易に、速い流れを渡ることができるのです。かれらには知恵と聡明さがあり、先頭のものが疲れたと感じられるとき、これを最後尾に付かせ、もっとも近いものを選んで先頭に立て、他のものを楽にし助けます。こうして互いに交替し、順にそれぞれの役割を果たしつつ、鹿同士の情愛を分かち合うようになるのです。かれらは流れに呑み込まれないよう、いつもその頭と角を水の上に出すようにしています。[57]

このことから、どのような意味を取り出すべきかは学識ある人にははっきりしています。すべてはかれらの目にはすぐに明らかです。この相互の援助と交替には、人は年長者に対しまた年少者に対しても、いつどこでも、人間同士の同情をもたねばならないことが示されています。実際、私たちは、かつて多くの人とくに聖なる使徒たちとかれらの模倣者たちが、こうしたことを実践していたと書かれているのを読んだことがあります。たとえば、つぎのように書かれています。「かれらの間には、だれも困窮したものはいなかった。かれらはすべてのものを共有し」、神において「心と魂をひとつにしていた」（使徒言行録二・四四）と。つまりかれらは、イエス・キリストにおいて兄弟としての同情をつねに寄せ合っていたということです。

鹿が頭と角をもたげて乗せていたことは、信徒たちが、つねに心を上にあげキリストにおいていること、またその魂をつねにかれに委ねていることを示しています。ダビデの家系から生まれたこの王〔キリスト〕は、人類の救いのために波立つ海にまで降り、ご自分に属する人々を解放するために「角をあげ」(ルカによる福音書一・六九)、また、自らすすんで、高い所から出て暗闇の陰に伏している人々を訪れ(同上書一・七八、七九参照)、高い所に引き上げられました。かれは、私たちが海の荒波や渦に呑み込まれたり快楽や欲望の泥沼や汚濁にまろぶことなく、むしろ使徒とともに、「私たちの本国は天にある」(フィリピの信徒への手紙三・二〇)と唱えつつ心を高く上げるよう、ご自分の手本をもって教えられたのです。

その他、ライオン、蜜蜂、その他感覚のある動物についても何か言うべきでしょうか。さらに、私たちに教訓を与える地に這うぶどうの木、高く聳える楡の木についても。その他、人々の模範としてまた有用なものとして提供されるものが多数あります。それらを取り扱う書を読みなさい。そうすれば、分かるでしょう。つぎのように書かれています。「大地に問いかけて見よ。あなたに教えてくれるだろう。獣に尋ねて見よ。あなたに教えてくれるだろう。空の鳥もあなたに告げるだろう。また海の魚もあなたに語るだろう」(ヨブ記一二・七―八)など。その意味はきわめて有用であり、それは少なからざる人々には明らかです。実際、ただひとりの造物主、刷新者がいます。しかし人間は、あれこれの種に属するすべての存在するものに優っています。なぜならある詩人が言っているように、神はそれらを支配させるために人間を選ばれたからです。

「純潔なお方が地を、また純潔なものを創造された。
かれは純潔なお方から人として造られた。
ああ、悲しいことよ、アダム[58]は純潔さを失った、
悲しいことよ、ああ、エバ[59]はその純潔を失った、
ふたりとも悪魔によって騙された[60]」。

さらに、

「そのため、かれは父、母を残して、
自分の連れ合いにつき、
ふたりは肉においてひとつになり、
自分たちに服属するすべてのものを支配し、
理性を用いるまでになった[61]」。

さらに、

「かれ自身がすべてを人間にお与えになった。
天と地と海が
空中、深淵、畑に生ずるすべてのものを、
眼をもって眺め、手をもってふれるすべてのものを。
それらすべてのものを、神は人々に服従させ、
また、人々をご自分に服従させる[62]」。

わが子ウィルヘルムスよ、その意味は、最高、全能のお方は天使たちの数を回復するため[63]、人間を土の塵で形造り（創世記二・七参照）、かれらの品位に参加させようとされた、ということです。神はすべてのものを人間の用に供せられ、すべてにわたって崇高な永遠の栄光にあずからせ享受させるために、かれらを選ばれました。人間のために、かれ〔御子〕は誕生し、苦しみ、復

活し、昇天することを望まれました。それは、大きいものも小さいものも、その功徳の度合に応じて、ご自分のもとに集め、み国におくためでした。

私は、愛の絆によって結ばれた目下のもの、同輩、年少者について、これ以上の例を知らないし、またあなたに提示できるでしょうか。あなたは自分で、神のお助けのもとにそれぞれの立場にある人々に対して取るべき態度をより深く理解し学ぶことができるでしょう。きわめて偉大で誉むべきお方であり年長者にも年少者にもご自分の恵みをお与えになる神が、先述したすべての人、またかれらに似たすべての人、キリストにおいて互いに結ばれるすべての人々とともに、あなたをひとつに集めてくださいますように。こうしてあなたは、年長者を支配し、また「子どもたちを私のところに来させよ。神の国はこのようなものたちのものである」（マルコによる福音書一〇・一四）と言って年少者をほめ集められたお方に至ることができるでしょう。そのため、天において終わりなく治められるお方のご好意とお助けがありますように。アーメン。

第十一項　司祭に対する尊敬(65)

子よ、司祭たちを尊敬しなさい。かれらは神への奉仕のために選ばれた人々であり、聖なる位階に属し、私たちの罪のために執り成してくれる人々だからです。したがってあなたは全霊をあげて神を畏れ、その司祭たちをたたえ、愛し、尊敬しなさい。かれらは、聖香油と聖油を祝別する人々であり、聖なる三位一体の信仰において人々に洗礼を授け、神の聖なる教会に呼び集めます。また、パンとぶどう酒を主イエス・キリストの御体と御血の秘跡として聖別し、食卓を準備し、私たちに聖体を拝領させ、「罪の赦し」（マタイによる福音書二六・二八）と、体の健康を受けさせます。

かれらが sacerdotes（司祭）と呼ばれるのは、かれらが聖化するためあるいは祝別するために存在するからです。それは、つぎのように言われたお方の例からわかります。「あなたがたは、聖なるものとなれ、私が聖なるものだからである」（レビ記一一・四四）。また、「平和と聖なる生活を抜きにして、云々」（ヘブライ人への手紙一二・一四）とも言われています。かれらが司祭と呼ばれるわけについて、預言者はつぎのように言っています。「あなたたちはわれわれの神の司祭と呼ばれ、国々の力を粉砕し」（イザヤ書六一・六）、「民の罪をあてにして生きている」（ホセア書四・八）。かれらはことばと模範とをもって絶え間なく主の群を司牧し、神の国に入るのを後らせることのないように促し、詩編作者とともにつぎのように言うのです。「私たちを創られたお方のまえに来て、拝み、ひれ伏し、嘆こう。なぜなら私たちはかれの民、かれに養われる羊であり、かれは私たちの主なる神であるからである」（詩編九四・六―七）。

かれらはまた、**praesbyteri**（長老）とも呼ばれます。かれらは、つねに神の働きに従事する準備ができていて、いつでもすぐに取り掛かるからです。**Prae** は「前」（**ante**）の代わりをします。詩編作者は、「私は主を前に見ていた」（詩編一五・八）、つまり私は魂による観想をもって「〔目の〕前に」神を見ていたと言っています。また、先を（**ante**）走る人のことを先駆者と言いますが、それは、先行するということになります。実際、かれら〔司祭たち〕はその尊厳から、私たち以上に祭壇の近くに進み、私たちに「心」を「高く」あげ、「天国に住む」（フィリピの信徒への手紙三・二〇）ように勧めます。かれらは道であり、私たちはかれらの説教の教えに従うことによって善行に励みながら、安心して天の国に向かうのです。

かれらはまた、episcopi（司教）、speculatores（監督）とも呼ばれます。[66] かれらは、私たちがいつも上のことを目指し、そこに向かうように忠告してくれるからです。ギリシア語のepi（上に）は、ラテン語ではsuper（上に）で、また、scopon（配慮）はギリシア語で、ラテン語ではintuitio（注視）あるいはdestinatio（目標）と言われます。[67] かれらはこの双方に目を向けさせ、それを目指して私たちは進むのです。かれらはまた、pontifices（直訳は架橋者、意訳は大司祭）とも呼ばれます。私たちは、いわば橋を渡るようにして、かれらをとおして河を渡るからです。[68] 私たちの心は悪の泥にまみれたあと、悔悛と償いによって改められ、神のお助けのもとに、躓くことなく別の祖国へと移って行くのです。聖書にも、「かれらは別の道を通って自分たちの国へ帰って行った」（マタイによる福音書二・一二）と書かれています。

司祭たちは、真の、最高のお方〔神〕を示す模範としてかれの権威を帯び、上に、下に、内に、外に向かって働きかけます。「上に」（super）と言われるのは、遠くから眺め見張ることによって保護するからです。実際、主は司祭たちの知識を通して私たちの態度を改めさせ、遠方の地から集めます。「下に」（subtus）と言われるのは、司祭たちは「平和を告げ、良い知らせを伝え、救いを告げる者の足、シオンよ」（イザヤ書五二・七）など、と言われているものだからです。「内に」

（infra）と言われるのは、私たちは、価値ある深い知識をもつかれらの模範に影響を受け、教えられ満たされるからです。「外に」（extra）と言われるのは、神のみ側近くに立つかれらの熱心な祈りによって、私たちは悪霊に摑まることなく、恵みに包まれて保護され、助け支えられ救われ、こうして、失われた人間を天の国に呼び戻すためにこの世に現れ、私たちすべてのものの救いと、楯となられたお方へと向かうからです。

司祭たちが尊敬に値することについて、いまさら何を付け加えることがありましょうか。思いつきません。かれらは聖なる使徒たちの例にならって、つなぎ、解き（マタイによる福音書一八・一八参照）、「民の罪を食し」（ホセア書四・八）、神のみ側近くにひかえています。かれらは漁師、狩人であり、これについて預言者はつぎのように言っています。「私は私の漁師を遣わしてかれらを釣り上げ、私の狩人を遣わしてかれらを狩り出させる」（エレミヤ書一六・一六）と。かれらは、獲物を他人の手から受け取りつまり汚れた霊から奪い取り、悔悛をもってそれを確保し、天の祖国に連れ戻してくれます。かれらはまた聖なる祭壇を築き、然るべき形に整えます。聖書にも、「司祭たちとレビ人[69]は、至聖所にあるケルビン[70]の翼の下に主の祭壇を安置した」（列王記上八・六）など、と書かれています。かれらの肩書はその品位、役割によって種々の表現をとるにしても、かれら独自の呼び名は、司祭、聖なる器つまり神に属する魂の管理者であるということです。(71)この司祭たちの団体を呼ぶのに、かれらを天使と天の国の住人の集団に結びつける、これ以上の呼び名があるでしょうか。預言者ゼカリヤ(72)はかれらを「天使」と呼び、「司祭の唇は知識を守り、人々はかれの口から法を求める」、かれは単なる天使ではなく、「万軍の主の天使だからである」(マラキ書二・七)と言っています。

さらに、かれらは天使、大天使以上に崇高なものではないでしょうか。かれらは、つねに目覚めている鳩のように、目を見張るような敏捷さをもって、聖なる「巣」に向かって飛び立ちます(イザヤ書六〇・八参照)。かれらは聖なる徳において優り「神の友」と呼ばれていますが、これは正しくまた明白なことです。なぜでしょうか。それは、かれらが熱烈な愛に燃え、模範的な生活を送り、たえず他の人に教えることをやめないからです。また「かれら〔司祭たち〕は正義を衣としてまとっている」(詩編一三二・九)と聖書に言われているように、聖人たちの群に加わっているからです。かれらはキリストにおいて歓喜に満たされ、聖なるものとされ、恵み豊かに成長し、こうして二倍の報いを受け、崇高な天のみ国に入るにふさわしいものとされています。

このように、司祭たちはその尊厳を世間に表示する多くのさまざまな肩書と徳を身につけているのですから、それにふさわしい生き方をする司祭に対し、できる限りの尊敬を払うように勧めます。一方、その聖なる特性の域に達しないものに出会うことがあっても、かれらに対して軽率な判断を下すことなく、多くのものがするように、かれらの生活を全面的に批判することは控えなさい。ダビデを見なさい[73]。かれはサウルのマントの端を引き千切ったとき[74]、それを後悔しました（サムエル記上二四・五―六参照）。子よ、批難するのは私たちの仕事ではありません。神はかれらの心、またこの地上で戦う私たちすべてのものの心を知っておられます。たしかに、そのことば、考え、関心、生活によって、かれらの果実と仕事の価値が分かります。聖書にも、「あなたがたは、その実でかれらを見分けるだろう」（マタイによる福音書七・一六）と書かれています。

私は何を言うべきでしょうか。主は、ご自分に属する人々を知っておられます（テモテへの手紙Ⅱ、二・一九参照）。しかしあなたは、より良いもの、より能力のあるものを、そのことば、行いをとおして知ったならば、かれらに付いて行きなさい。かれらは、私たちに特別に神のことばを告げるもの、聖なる遺産を受け継ぐ選ばれた民なのです（詩編三二・一二参照）。かれらが言うことに熱心に耳を傾け、実行し、しばしば思い起こすようにしなさい。どこで出会っても、かれらに懇願し、またかれらだけでなくその前を歩く天使たちも敬いなさい。聖書も言うように、「かれらの天使たちは、いつも御父のみ顔を見ている」（マタイによる福音書一八・一〇）からです。あなたは、できるだけしばしばかれらと食事をともにし、また食物に困っている旅行者とも、ともに食事をするようにしなさい。先に述べたように、尊敬に値する司祭たちにあなたを委ねることを怠らないように。あなたのすべての従者のなかでも、場合によっては司祭たちのなかから助言者を選びなさい。あなたがとくに神に近いと思うものに耳を傾けなさい。あなたの手からあるいは食卓から貧者に食べ物や飲み物を配るのは、かれらの仕事です。[75] それはのちに報いとなってあなたに返ってくることでしょう。

したがって子ウィルヘルムスよ、先に言ったように、神にふさわしく仕える司祭たちを敬いなさい。実際、かれらは神が引き当てた〔選んだ〕ものであり、また神の補助者、祭司です。かれらのうちこれとは相容れない行動をとるものがあったとしても、書かれているように、かれらを批判してはなりません。聖書はあるところでかれらについて、つぎのように言っています。「私が油を注いだ〔祝聖した〕人々に触れるな。私の預言者たち〔司祭たち〕に悪事を働くな」（詩編一〇四・一五）など。「神の家には住むところが多くあるからである」（ヨハネによる福音書一四・二）。また天の星は、みな、一様の輝きはもたず、「星と星との輝きには違いがあり」（コリントの信徒への手紙Ⅰ、一五・四一）、正しい人といっても、功徳の違いによってあるものは他のものより明るく輝いています。それと同じく、司祭たちの間でも品位の違いがあります。実際、「善行の模範をもって多くのものを教化する」司祭は、自らキリストのもとに導く人々とともに「とこしえに輝く」（ダニエル書一二・三）と私たちは信じていますが、それは神の賜物です。しかし子よ、私が先に言ったように、あなたはかれらを敬いなさい。もしそれに反することがあったならば、改めなさい。たとえ「一日しか生きなかったとしても」（ヨブ記一四・四—五）[76]、「罪を犯さないものはひとりもないからです」（列王記上八・四六）。造物主、考案者、指導者、支配者はひとりであり、かれがお与えになるからこそ、またお与えになったことについて、司祭の口から神のことばが出るのです。神は、それを私たちの罪を考えて与えるのではなくむしろ以前からの慈しみからお与えになるのです。神は、私たちを罪から解放してくださるからこそつねに寛容で、寛大で、またつねに慈しみ深いものと呼ばれ、つねにそうしたお方であり、そうしたお方であったし、またあり続けるでしょう。真の賢明な司祭の判断を導くのは全面的かつつねにかれであり、このことをよく弁えておきなさい。

あなたは、密かに、嘆きと涙をもって司祭たちに罪を告白しなさい。なぜなら学者たちも言うように、真心からの告白は魂を死から解放し、[77]深淵に陥らないようにするからです。あなたの魂と体をかれらの手に委ねることを怠らないように勧めます。神は、かれらをこの世における民の仲介者として選ばれたのです。あなたは、歩行しているとき、休息しているとき、あるいはその他、何かを実行しあるいは進めているとき、かれらがあなたのために祈り、神に取り次いでくれるよう、またあなたが真の回心と相応の償いをもって人生の半ばを〔詩編五四・二四参照〕贖罪にあて、[78]神の聖なる約束を受けるにふさわしいものとなるよう、つねにかれらに〔援助を〕求め、願いなさい。

真の司祭にして、永遠の大司祭となられたお方〔ヘブライ人への手紙五・六参照〕、また神の聖なる教会の司祭たち、役務者たちが、かれらの模範に見習うあなたに、世々にわたって支配されるお方、神のお助けと寛大さによって真のふさわしい成長を遂げさせてくださいますように。アーメン。

第Ⅳ章

第一項　生活態度を改める方法

人間としての完成のためには、多大な努力と熱心な訓練が求められます。悪習に対しては、それとは反対の対策を講じなければなりません。[1] それは、妬みの火の粉に燃える世俗の人々だけでなく、使徒〔パウロ〕[2]が言う「天にいる悪の諸霊」（エフェソの信徒への手紙六・一二）に打ち勝つためにも、そうすべきです。世俗においていわば成功したように見える、豊かな財産をもつ富者がいます。しかしかれらは、悪意を隠しつつ力の限り他人を妬み引き裂くことをやめず、しかも誠実さを装ってそうしています。

『同義語』（Sinonima）には、「隠された悪意はへつらいをもって飾られる」[3]などとあります。こうしたことは、死をもたらす悪魔の勧めによって人の心のなかに生じます。聖書にも、「掠奪者の天幕は栄え、向こう見ずに神を怒らせる」（ヨブ記一二・六）と書かれています。なぜならひとりに益することは、他の者を損なうからです。また、「妬みは小さな者を殺し、怒りは若者を死に至らしめる」（ヨブ記五・二）とも言われています。子よ、こういうことがあなたにあってはなりません。小さい者でない限り、けっして妬みをもつことはないでしょう。小さい者とは、偉大なものを欠いている人のことです。人はどうして、妬みに刺激されて心と体を失う代わりに権勢と栄華なしで済ませることができないのでしょうか。こうしたことは、「悪魔の妬みによって死がこの世に入った」（知恵の書二・二四）と聖書に書かれているように初めからありました。こうした悪疫は、多くの点で毎日、多くの人々を引き裂き続けています。多様な形をもつ蛇と狡猾な悪魔[4]は休むことなく家をうがち、キリストの信仰に固く立とうとする人々の神殿を倒壊させようとしています。「かれは、食い尽くすことのできそうな人物を求めてつねに探しまわっている」（ペトロの手紙Ⅰ、五・八）のです。またある学者の歌によりますと、それは「かれがよく知っているしるし」、絶えざる災害であり、「その軍団」[5]は、日夜、神の聖なる教会から信徒たちを奪い去ろうとしています。この学者は、つぎのように歌っています。

「墓の岩穴に鎖で繋がれ、歯ぎしりしながら住まい、
発狂して狂い猛っていた汚鬼につかれた人が……、
逆上した豚の群とともに、黒い湖に身を投げた(6)」

その意味は、豊かな学識をもった人には明白ですが、こうしたものはどこにでもいるということです。かれあるいはこうしたものが多くいるなら、あなたはかれらに用心し、逃げ、避けるようにしなさい。またかれらの仲間から遠く離れ、背を向けて遠ざかり、きっぱりとかれらを拒絶するように勧めます。

あなたはいまいくらかの本を所有し、今後さらにもつことでしょうが、あなたはそれらを読み、頁を繰り、瞑想し、細かく吟味し、理解するでしょうし、また、あなたに教えを述べる学者たちにごく容易に出会うこともあるでしょう。かれらは、あなたが二重の義務を果たすために何ができるか、容易にわかるようにその模範を示してくれることでしょう。鳩は、きわめて透明な清水を飲みながら、あおさぎや獰猛な鷹に襲われないように見張り、かれらの手を逃れて、真の幸せがあると思われるところへ喜んで飛んでいきます(7)。そのように、あなたは正統信仰を保つ聖なる

先賢の教父たちのことばを注意深く読むことによって、あるいは高位高官や助言者たちが、すでにあなたも聞いているように、神によみせられることまたかれらの主君が命じたことをいかに熱心にまた忠実に果たすかを目にすることによって、またかれらの模範を模倣することによって、目に見えない悪霊の悪知恵から逃れるだけでなく、この世に生き罠を仕掛ける目に見える敵の手からも逃れ、キリストのお助けのもとに、魂と同時に体においても容易に徳を高め、人生を走り抜くことができるでしょう。「誉れ高き人々をたたえよう」（シラ書四四・一）などとソロモンの書に書かれていることを読み、思い起こしなさい(8)。

私たちはごく小さく流謫の身であるため、また自分のなかに隠された世俗的落ち度のために、これら偉大な人々のうちに数えられあるいはかれらに連なることができないとしても、また上のものよりむしろ下のものに引き込まれがちであるとはいえ、しかし旧約聖書の掟によって、私たちの額には一二部族長の名を記すように命じられています(9)。さらに、エゼキエルの幻視によりますと、聖書は、六枚の羽根をもち前後に目をもつ動物を手本とするように命じています(10)。

一方、私はあなたにつぎのように勧告します。悪人、不正直な者、卑怯者、傲慢な者を、何事においても、心の底から嫌い、かれらから逃げ、避けなさい。かれらはあなたを欺くためにねずみ捕りのような罠を仕掛け、またたえず道に落とし穴や障害物をおき（詩編一四〇・六参照）、まずかれら自身、真先にそれにかかり、またかれらと似たような人々をそこに落とし込もうと狙っているからです。これが過去において起こったことであり、もし現在、そのようなことが起こっていたりあるいは未来に起こるようなことがあるならば、それを避けるように勧めます。あなたの運命がけっしてかれらのそれと交わることを神がお許しにならないように祈ります。

信仰と不屈の精神をもって神と人々によみせられた過去、現在、未来の偉大な方々の模範を探し求め、記憶にとどめ、忠実に見習うようにしなさい。聖書には、一二太祖の名前を手に書き、額に記し、[11]また前後につねに目配りをするように命じていますが、[12]それは、徳のことです。かれらは、現世の生活において神に向かって力強く雄々しく進み、つねに上のことを目指し、信仰にもとづく賢明な考えをもってたえずこれらの徳を実践しました。かれらは、幸せな人生の間にふさわしいことばと行いとをもって徳を完成させ、私たちがすべてにわたってそれを求め実現するよう模範を残されたのです。

第二項　同じ主題について

子よ、この世における世俗的活動の渦中にありながら奉仕するあなたは、順境にあっても逆境にあっても、すべてにおいてたえず神に感謝するようにしなさい。あなたの魂は、順境にあっても悪人に倣って傲慢になったりあるいは逆境に押しひしがれ、道に迷い、けっして打ち負かされてはなりません。

またあってはならないことですが、もし悪習に陥るようなことがあったならば、先述したようにそれとは反対のことを実践しなさい(13)。使徒も、つぎのように言っています。「霊に従って歩め。そうすれば、肉の欲望を満足させるようなことはない。なぜなら肉は霊に反して望み、霊は肉に反するからである」（ガラテヤの信徒への手紙五・一六—一七）と。過去の教父たちは、寛容と柔和の霊において悪習を踏みにじり、聖書にあるように真の徳に進歩し正義を実践することによって、「信仰をもって国々を征服する」（ヘブライ人への手紙一一・三三）に値するものになりました。こうしてかれらは、「老いて白髪になっても」（詩編七〇・一八）、「神の契約を守り」（詩編七七・一〇）、その掟に従いながら、その子どもたちの喜びのうちに地上の富を享受し、のち、心身をもって愛したお方によって「天に準備された座」（詩編一〇二・一九）を占め憩うに値するものになりました。かれら全部が、たしかにそうであったことは疑いありません。実際、詩編作者のつぎのことばは、このように生きた人々において実現されるのです。「かれらは徳から徳へと進み、シオンにおいて神々の神を見るであろう」（同上書八三・八）。[14]

今日、多くの人々の間に争いがもちあがっています。子よ、私は、あなたとあなたの同輩たちにそれが起こるのではないかと、危惧しています。使徒も「今は悪い時代である」（エフェソの信徒への手紙五・一六）と言い、また、「偽預言者が現れ」（マタイによる福音書二四・二四）、「危険な時が差し迫っている。その日々には、利己的な人々、欲深く、吝嗇で、過激で、神よりもこの世に気に入られようとする人々が出てくる」（テモテへの手紙Ⅱ、三・一―四。ペトロの手紙Ⅱ、三・三、ユダの手紙一八参照）と言っています。その他、いちいち説明するのは長すぎるような事柄が起こり、ああ、痛ましいことよ、多くの人が立ち上がって争い、かなりのものが勝利を収めるという希望を抱いて戦っています。

先に書いたように、目ざめて祈りなさい。そして詩編作者とともに、つぎのように言いなさい。

「主よ、私に害を与えるものを裁いてください。私と戦うものと戦ってください。大盾と盾を取り、私の救いの力である主よ、立ち上がって私を助けてください」（詩編三四・一―二。一三九・八参照）、「私を取り囲むもののなかから引き出してください」（同上書三一・七）、そして私の魂に言ってください。「恐れるな、私はあなたの救いである」（同上書三四・三）と。祈っていたある人には、つぎのような返事がありました。「恐れるな、私はあなたの盾である。あなたの受ける報いはきわめて大きいであろう」（創世記一五・一）など。救いの与え主を真心をもって求める人はだれでも、体だけでなく魂の救いを受けることを信じてほしいのです。こうした考えを繰り返し思い起こし、現在また未来において気を引き締めて戦い、あなたが期待するお方からこの二重の救いをたしかに受けうるように努めなさい。

第三項　その他の有用な勧告

あってはならないことですが、もし時として傲慢な思いが起こるならば、[15]けっしてそれを心のなかで増長させてはならず、神は高慢なものに逆らい（ヤコブの手紙四・六参照）、低く貶めることを忘れてはなりません。傲慢な思いに気をつけ、それを遠ざけ、この致命的な疫病とは反対の深い心からの謙遜をすべてにおいて実行しなさい。謙遜にして真実ないと高き人類の創造主は、へりくだる人々に恩恵をお与えになります。かれ自身、こう言われました。「私は柔和で謙遜な心をもつものだから、私に学びなさい」（マタイによる福音書一一・二九）と。

この傲慢という疫病、災害はどれほど危険なものでしょうか。これが原因で、偉大な創造主が偉大なものとして創造したルシフェルはあの黒雲の暗黒のなかに入り込み、どん底に突き落とされて死の淵に呑み込まれ、自分に従うすべてのものとともに終わりのない地獄の底に落ちました(16)。謙遜はどれほど崇高で高尚なものでしょうか。自分の考えで行動した悪者は傲慢のために追放され、謙遜なお方はへりくだって降りて来られました。かれは謙遜なものを徐々に天上の人々のところまで上げ、そこに憩わせます(17)。かれらの間にこそ、つぎのように言われたお方はとどまり憩われます。「私はだれのところで休もうか(18)。それは謙遜で平和な人、私のことばにおののく人のところである」（イザヤ書六六・二）。

第四項　聖霊の七つの賜物をもって努力すること[19]

子よ、もしあなたが謙遜で平和をもたらすものであるならば、あなたは、私がこれまでしばしば言及したお方から、少なくとも部分的に、聖霊の恵みである七つの賜物をたしかに受けることができ、あなたの上に主の善き霊が宿ることでしょう。あなたはへりくだり服従することによって悪霊のくびきからキリストのそれに容易に移ることができるでしょう。かれは、こう言われました。「私のくびきは負いやすく、私の荷は軽い」（マタイによる福音書一一・三〇）と。キリストのくびきと荷は、私たちがこの地上から天の高みに移されるようにしてくれます。使徒ペトロ[20]は栄えある受難をもってその幸せな人生を終わるにあたって、つぎのように言っています。「十字架に高く上げられた神なる私の師は、私をこの地上から天上にお呼びになった[21]」と。

したがって子よ、若者としての力に溢れるあなたは、日々、霊と体において王なるキリストのくびきと荷を負うことを学びなさい。こうして、あなたは罪の鎖の重荷と負担から解き放たれ、安全と平和のうちに――少なくとも人生の終わりに――容易にまた楽しくかれのもとに上り、行き着くことができるでしょう。聖金曜日にあたってある学者が言っているように、[22]私たち一人ひとりは、この世の荒波にもまれながらも、さいごには救いに至りうるような生き方を選ばなければなりません。詩編作者も言っています。「主よ、あなたの契約を顧み」（詩編七三・二〇）、「あなたの貧しい人々の命をさいごまで忘れ去らないでください」（詩編七三・一九）。私の考えでは、ここで言われている「さいご」とは、人生の終わりつまりあなたが滅び去ることのないよう私がたえずごくまじめに考慮するように勧める「さいご」のことです。私は、あなたがこの人生において奉仕の仲間たちとともに仕え、さいごには、キリストの奉仕者、兵士たちとともに、単独ではなく多くのものとともに奉仕することによって、終わりなく続くみ国において自由な人々とともに自由になりうるように勧めます。

先述したように、もし用心深く戦うならば、あなたは聖霊の七つの賜物と恩恵によって強められるだけでなく、さらに、あなたの善行に応じて八つの至福を受けるにふさわしいものとなるでしょう。[23]あなたがいつもこれらの諸徳と賜物をもって生きるのを、私は見たいのです。

努力するにあたって用いるふたつの手段については、「七つ、さらに八つに分けておけ」（コヘレトの言葉一一・二）と言われています。『イザヤ書』にあるように、聖霊の賜物は七つです。「知恵の霊、識別の霊、思慮の霊、勇気の霊、知識の霊、孝愛の霊、主に対する畏敬の霊です」（イザヤ書一一・二―三）。たしかに、三種の霊つまり天使の霊、人間の霊、動物や爬虫類の霊もありますが、[24]しかしそれなりの理由から、違った数え方もあります。それは週の七日、世界の発展の七期あるいは至聖所を照らす七つのランプ（ヨハネの黙示録四・五参照）[25]、そして聖霊の恩恵の七つの賜物です。

子よ、もしあなたが真心から神を愛し、また旧約、新約の聖書の教えについて瞑想し読んだことをまじめに実行するならば、あなたの上に知恵の霊が宿るでしょう。「すべての知恵は、主なる神から来る」からです。「それはつねに、世紀以前に主とともにあり」（シラ書一・一）、他のものから来ることはありえません。それを探求しいったん見出したものを保つならば、あなたは幸せなものとなり、知恵あるものと呼ばれうるものとなり、知恵はあなたに「感嘆すべき道を通らせて」（知恵の書一〇・一七）導き、聖なる右の手をもって支え、その抱擁をもってあなたを永遠の至福な生命へと引き寄せます。つまりあなたのなかに知恵の霊が宿ることになります。「あなたは道を探れ」（ヨブ記三六・二三）と『ヨシュア記』に言われ[26]、また、「その時、あなたたちは『私である』ことを知るであろう」（ヨハネによる福音書八・二八）と言われているように、あなたは主のみことばを吟味することによって、永遠の責め苦と地獄は罪人のためにあること、義人たちは功徳の当然の報酬としてみ国の栄光を受けることを理解するとき、識別の霊があなたの上に宿るのです。詩編作者がつぎのようなことばで求めていたのは、この霊です。「あなたの掟を理解するために、私に識別力をお与えください。私は心を尽くしてそれを守りましょう」（詩編一一八・三四）。実際、あなたが受けたものを心のなかに隠しなさい。それは、あなたがそれを守り通すことができるためです。そうすれば、あなたは聖なる識別の霊にあずかることでしょう。(27)

もしあなたの魂が逆境において失望せず順境において熱狂することもなく、順境においても逆境においても正しい道を歩み、双方の状況において義務を果たすため主の勧告を探し求めるとき、思慮の霊があなたの上に降るのです。あなたが、敢然と悪習と戦い、それらを無視して踏みにじるとき、勇気の霊を受けるのです。また、謙遜な心、純潔な体を保つならば、たしかにあなたは高く上り、知識の霊において信頼をもって戦うことができるでしょう。あなたが心と体にこれらの力をつけるならば、疑いなく、あなたの上に知識の霊が宿ります。

隣人に対して兄弟としての同情の念を抱き、かれをもてなし、貧しいものや虐げられたものを心を込めて慰めるとき、あなたは孝愛の霊を受けるのです。また、あなたの父親と主君あるいは

高位高官やすべての同輩に対し、それが年長者であれ年少者であれ、かれらを傷つけることもか

れらの争いに巻き込まれることもなく、かれらに対する忠誠心から畏れと愛の態度をとるとき、

たしかに主の畏敬の霊があなたのなかに宿るでしょう。

『知恵の書』には、同じ聖霊についてつぎのように言われています。「主の霊は全地に満ちてい

る」（知恵の書一・七）と。実際、いと高きお方のご同意のもとに、たしかにまた疑いなく、霊は

「思いのままに吹く」（ヨハネによる福音書三・八）のです。この息吹きが霊感をもって聖なる使徒

たちを酔わせ（使徒言行録二・一三―一五参照）、「神のお助けのもと、かれらはどこでも説教し」

（マルコによる福音書一六・二〇）、手をかざすことによって、説教したことを実現しました。この

「手」は、聖霊を与え広める聖なる行為を示していると理解しなさい。預言書にも、「主のことば

はハガイの手をとおして臨んだ」（ハガイ書一・一、三）と書かれています。つまり主のことばは、

それを実現するものの手のなかにあります。このことばとその実現について『ヨハネの黙示録』

は「私のことばを読む者は幸いである」と言い、「そのなかに記されたことを守る人も」（ヨハネ

の黙示録一・三）と書き加えています。(28)

至福なる使徒パウロが言うように、聖霊はその豊かな賜物を各自に与えられた長所に従ってお

与えになります。「ある人には霊によって知恵のことばを」、ある人には知識のことばを、「ある人には同じ霊によって理解する力」（コリントの信徒への手紙Ⅰ、一二・八―九）、その他をお与えになります。「ひとつの同じ霊がすべてのことを行い、とくに神と呼ばれるお方が望むままに、一人ひとりに分け与えてくださる」（同上書一二・一一）のです。なぜなら福音書記者が言うように神は霊であり、「神を礼拝するものは霊と真理とをもって礼拝しなければならない」（ヨハネによる福音書四・二四）からです。

したがって子よ、あなたは聖霊においてこれらの力を神に願いなさい。偉大な与え主は、あなたを助けてくださるでしょう。偉大な王にしてすぐれた預言者であったあのお方は、この霊に満たされることを願い、信頼を込めてつぎのように祈っていました。「神よ、私のうちに清い心を創造し、私の心の底に正しい霊を新たにしてください」（詩編五〇・一二）、また、「神よ、あなたの霊を私から取り上げないでください」（詩編五〇・一三）と。かれはその聖霊を与えられ、これに満たされたことを喜び、それを奪われることのないよう心から願い、「力強い霊をもって私を固めてください」（詩編五〇・一四）と言っています。あれほど偉大で、私たちよりはるかに昔の人であるかれが、聖霊において戦いつつこのように語っているとするならば、功徳の点でかれの影にも比較できない私たちは、かれの模範をまえにしていったい何と言ったらよいでしょうか。

しかし私は、あなたがこのこともまた、聖霊において懇願するように願い励まします。あなたが正しく思考し、「万事においてあなたの心を清く保つならば」（箴言四・二三）、正しい霊は、あなたの内部において新たにされることでしょう。もしあなたが正しく話し、「あなたの舌が偽りを語らないように」（詩編三二・一四）あなたの口を有害な会話から守るならば、受けるものにとって最高の贈り物である聖霊は、あなたから取り上げられることはないでしょう。もしあなたが考えたこと、言ったことをもっともふさわしい行動をもって果たすならば、あなたはたしかに、力強い霊によって強められることでしょう。

さらに何を言うべきでしょうか。適切な結論を短くまとめましょう。もしあなたが正しく思考し、正しく語り、正しく行動し、「節制をもってまた正しく」、純潔と「信心をもって、この世に生き」（ティトへの手紙二・一二）、また、正しい霊、聖なる霊、力強い霊（詩編五〇・一二―一四参照）に従って――最高かつ崇高なお方の聖なる一体性と不可分の権能において――歩き、立ち、座るならば、あなたはいつ、どこにいても、安らかに憩うことができるでしょう。あなたはこのように行動することによって、賜物の与え主である聖霊に支えられ、天のみ国に至ることができるでしょう。

第五項　悪習を改めるための勧告

私ははじめから、無謀な傲慢、膨張する横柄さを寛容さに変えるという広大な計画を描いてきましたが、つぎは、聖霊の三つの恵みのお助けのもと、[29]いわば矢継ぎ早に、私が先にあげた他の悪習と戦うことにしましょう。

ある書に、つぎのような句があります。「勇者として雄々しく、昔の蛇に対して戦え」[30]。至福なるペトロ[31]は、この蛇との戦いにおいて勇ましく立ち向かうようつぎのように勧告しています。「身を慎んで、目を覚ましていよ。あなたがたの敵である悪魔が、吠えたけるライオンのように、だれかを食い尽くそうと探し回っている。信仰にしっかり踏みとどまって、悪魔に抵抗せよ」（ペトロの手紙Ⅰ、五・八―九）と。子よ、あなたも警戒し、善行に励みつつ力強く戦いなさい。それは、神の御子の血による真の聖なる贖いがあなたにとって無駄にならないためです。先述したように、悪習には善行をもって対抗しなさい。こうしてあなたは、「さいなむものの集いから、悪を行うものの騒ぎから」（詩編六三・三）守られることでしょう。

第六項　悪習に打ち勝つためには、反対のことを行え(32)

もし、死の張本人である悪魔の誘いによって姦淫その他なんらかの肉の刺激があなたの心をくすぐるならば、それに対抗して純潔を思い起こし、太祖ヨセフやダニエルの節制を考えなさい。(33)あるいは、魂と体において純潔を守り主君に対しまた隣人に対して忠実に節操を保つことによって救われ、高い評価を得、主によって聖人たちの数に加えられ誉めたたえられた人々のことを考えなさい。使徒は、「神はみだらなものや姦通するものを裁かれる」（ヘブライ人への手紙一三・四）と言い、詩編作者は、「あなた〔神〕から離れて姦通するすべてのものをあなたは滅ぼされる」（詩編七二・二七）と述べ、さらに使徒〔パウロ〕は、「人が犯す罪はすべて体の外にあるが、みだらな行いをするものは自分の体に対して罪を犯している」（コリントの信徒への手紙Ⅱ、六・一八）などと言っています。

子よ、あなたはみだらな行いを避け、淫売婦に近づかないようにしなさい。聖書にも、「情欲に引きずられるな、欲望を避けよ」（シラ書一八・三〇）、「あなたの魂が情欲になびくままにするな」（同上書一八・三一参照）と書かれています。たしかに、あなたがそれあるいはそれらの情欲に耳を傾け同意するならば、それらはあなたを剣をもって打ち倒し、敵の手に渡し、預言者とともに、「ひれ伏せ、あなたを踏み越えて行くから」（イザヤ書五一・二三）と言うでしょう。あなたに、そういうことがあってはなりません。しかしそれが起こり、「サタンの使い」[34]がそそのかし、あなたの心を踏みにじるならば、戦い、祈り、そして詩編作者とともにつぎのように言いなさい。「主よ、私の魂を地の獣に渡さないでください。お願いです。あなたの貧しいものの魂を忘れ去らないでください」（詩編七三・一八―一九）、「私に傲慢な目を与えないでください」（シラ書二三・五）、「私から色欲を遠ざけてください。恥知らずな情欲に引き渡さないでください」（同上書二三・六）と。

ここで言われている「傲慢な目」は、単に体の目だけでなく内的な目も指していると私は考えます。もしその目が内的なものでなかったとするならば、ある人はつぎのようには言わなかったでしょう。「私は、処女について考えたりしないように自分の目と契約を結んだ」（ヨブ記三一・一）など。その他随所に多くのことが書かれています。あなたは、神に祈ることによってこれらの欲望の刺激、執拗な誘惑から逃れることができるでしょうし、また偉大な人々の模範に大きな励ましを見出すことでしょう。肉体の目が欲望の対象に向かうのは頭においてであるとはいえ、すべての戦いが繰り広げられるのは魂においてです。姦淫や肉の過ちを犯す人々を快楽の願望へと動かす目については、つぎのように書かれているからです。「死は窓に這いあがり」（エレミヤ書九・二〇）など。さらに、「肉的な情欲から女を見る人」（マタイによる福音書五・二八）などとも言われています。

禁欲を実践し肉的情欲を抑制するものについては、つぎのように書かれています。「体の灯は目である」、「体の目が澄んでいれば、あなたの全身が明るい」（同上書六・二二）と。損なわれることのないまったき純潔に憧れていた人は、「空しいものを見ないように、私の眼差しを逸らさせてください」（詩編一一八・三七）と言っています。その他、似たような多くのことが言われています。学者たちが言うように、「純潔は天使的な生活であり[35]」、その状態にあるものを天国の市民にしてくれます。またある人は言っています。「ああ、未来の生命を失わせる抱擁の時間のいかに短くわずかなことか。また、絶えざる純潔がいかに力強くまた光り輝いていることか。それは死すべき人間を天使たちと同じ市民にする[36]」、と。

実際、学者たちは、[37]夫婦の結合と結婚の聖性とが共存しうることを否定していません。しかし、私たちのなかからみだらな欲望と許されざる邪念とを取り除こうとしています。エノク、[38]ノア、[39]アブラハム、[40]イサク、[41]ヤコブ、[42]ヨセフ、[43]モーセ[44]は純潔であったし、その他、結婚の契りを果たしつつ神に仕え、キリストにおいて心を純潔に保とうと努めたものもいます。これ以上、書き加えるまでもないでしょう。

したがって子よ、あなたは、体において輝かしい賜物である童貞を保ちあるいは夫婦の結合において体を純潔を保つならば、罪のもととなるものから清められ、あなたの心は八つの至福に与り、「朗らかで、つねに宴会にいる」(箴言一五・一五)ように、すべてにおいて「安らかに」、憩うことでしょう。そして、義人たちとともに、あなたにもいくつもの正しい栄誉が与えられることでしょう。「勇気を出しなさい、心の清い人々は幸いで、その人たちは憐れみを受ける」(マタイによる福音書五・八)のです。

第七項　心と体の忍耐を保つこと(45)

もし恨みという疫病に刺激され心が怒りに燃えるならば、努めてそれを抑えなさい。聖書にも、「愚か者の心には怒りが荒れ狂う」（コヘレトの言葉七・一〇）と書かれています。また、ある詩人は、同じことをつぎのように書いています。

「良識に欠ける愚か者は語ることを知らず、
落ち着きのないことばの大音響のなかで黙することも、
けっしてできない。かれは怒りに速く、
静まるのに遅く、いっそう悪くなっていく(46)」。

子よ、名門の出であるあなたにはそのようなことがあってはなりません。
よく知られているように、善を実行する上において、人を害するような怒りはいつも心を乱します。怒りによる動揺について、詩編作者もいわば自分の名において、「私の目は怒りのために乱されている」（詩編三〇・一〇）と言い、また使徒〔ヤコブ〕は、「人の怒りは神の義を実現しない」（ヤコブの手紙一・二〇）と言っています。もし怒りを感じたならば、それが昂じて心を掻き乱すことのないようにそれを抑えなさい。怒ることは人間的であるとはいえ、しかしそれが悪習にならぬよう打ち負かし黙させるべきです。詩編作者も、それが多くの人に害をもたらすことを指摘し、「怒れ、しかし罪を犯してはならない」（詩編四・五）と忠告しています。またパウロは、「できればせめてあなたがたとしては、すべての人と平和を保て」（ローマの信徒への手紙一二・一八）ということばをもって弟子たちに柔和を勧めていますが、それもこの怒りによる支配を抑えようとしているのです。

この平和について、ある人は、つぎのような詩を書いています。

「平和は怒りを抑え、
争いは平和を怖れる。
保証された平和は

広く拡がり、
友情による平和は
天にまで上がる(47)」。

子よ、怒りがあなたの心に湧き出てくるならば、それを締め出しなさい。「怒りを打ち捨てておけ。悪に負けることなく、平和をもって怒りに勝て」(ローマ信徒への手紙一二・一九、二一)。約六〇万人の民を統率しながら、けっして怒りによって魂を乱されることはなかったと言われている人を思い出しなさい。かれ〔モーセ〕については、つぎのように書かれています。「かれは、自分の家全体のなかで偉大で忠実なものであり、地上に住むすべての人々に対していともやさしかった」(民数記一二・三、七)と。その意味は、かれは完徳の頂点に達していたということです。もし、かれがこれほど多くの人のなかでしかもかれらの大きな弱さをまえにして、ひとりでかれらの態度に忍耐強く耐えたとするならば、私たちは、自分のまた自分のような人々のごく小さなことに対してどのように振舞うべきでしょうか。

たしかに、聖書においてこのように賞賛されたかれが神に正しく願ったことは、すべて聞き入れられたことを私たちは知っています。かれは、心と体において忍耐強く柔和で、あらゆる人々の間にあって〔神に〕仕え、いつでも全能なお方に会う準備ができていて、神の栄光に輝き、友人と語るようにして神と語り（出エジプト記三三・一参照）、いと強きお方から重大な返答を受けることができたのでした。かれについては、つぎのように書かれています。「主はかれのために怒りを納め、ご自分の民に下そうと告げられた災いを思いなおされた」（同上書三二・一四）。さらに主は、それ以上のことを言われました。「お前のことばどおりにしよう」（同上書八・一〇）など。

これ以上、書き加えることが何かありましょうか。かれの心はごく穏やかで、その目はかすむこともなく、暗闇の蔭を知らず、口の歯も丈夫でした（申命記三四・七参照）。体全体が健康で、内においてはその愛徳は邪魔されることもなく、生涯のさいごの日まで悲しみも苦しみもなく、時の流れ行くのを眺め、怒りをやさしさに従わせ、つねに「和」を求めました（ルカによる福音書一四・三二参照）。かれは日夜、真理の小径をたどり、その気高い一生を平和のうちに終えたのです。なお、魂はつねに平和と静けさに満たされ体は健やかに保たれていく王宮は、いかに好ましくまた感嘆すべき住まいでしょうか。

私は手本としてこうした人物を取り上げましたが、それは、あなたがかれらの模範に魅せられ、それをひとつの教えとして、魂に役立つ何かを引き出し寛大に実践してもらうためです。多くのものは、自分の怒りを抑え、柔和な態度をもって多くの人々の間に一致を作り出し、知られているように、その信仰と魂の純潔とによって神によみせられました。忍耐強い人は、多くの徳を積むからです。こうした徳を実践したある人は、つぎのように言っています。「忍耐強い人は、力の強い人に優る。すべてにおいて自制力をもつ忍耐強い人は、町を占領する人に優る」（箴言一六・三二）など(48)。

第八項　悪習に打ち勝つには八つの至福を読み、心に刻むべきこと(49)

わが子ウィルヘルムスよ、私ドゥオダが勧め望んでいることは、あなたがすべての奉仕者の間にあって、つねに「話すのに遅く、また怒るのに遅く」（ヤコブの手紙一・一九）、きわめて忍耐強く聖なる徳に進歩していくことです。たとえ怒ることがあっても、それによって罪を犯してはなりません。それは、いと柔和な神があなたに怒ることのないように、またあってはならないことですが、あなたが怒ることによって正しい道から逸れることのないようにするためです。

そのため私は、あなたがご自分に従うものに大いなる忍耐を身につけさせようとされるお方に、柔和、寛容、正義、聖性をもって仕えるように勧めます。かれは仰せられています。「忍耐によって、あなたがたは命をかちとりなさい」（ルカによる福音書二一・一九）と。忍耐強いものとなり心とことばを抑制するならばあなたは幸せなものとなり、またあなたの魂は、多くの会食者とたえず宴会に列しているかのように、いかなる恐れもなく、平和裡に安らぐことでしょう。「心はつねに宴会にあるかのように平安である」（箴言一五・一五）と聖書にも書かれています。

あれこれの証言を完全に理解したあなたは、「平和を実現する人々は幸いである。かれらは神の子と呼ばれるであろう」（マタイによる福音書五・九）と言われている人々の幸せにあずかることができるよう、心穏やかに行動しなさい。たしかに、あなたが死すべきものの子ではなく生ける全能の神の子と呼ばれそのみ国の継承者となるためには、多大な努力を必要とします。もしあなたが柔和で、つねに真っ直ぐに歩み善行の道を進んでいくならば、主が「柔和な人々は幸いである。かれらは地を受け継ぐであろう」（同上書五・五）と仰せられて、偉大な遺産を約束された賞賛すべき態度をとる人々の数に加えられることでしょう。

もし貧者や困窮者に出会うならば、ことばだけでなく行動をもって、可能な限りかれらを助けなさい。同様に、巡礼者、また寡婦、孤児、寄る辺ない子どもたち、生活の手段を奪われた人々あるいは窮乏に陥っているのを見かけた人々を寛大にもてなすように勧めます。いつも喜んで、かれらに手を差し伸べなさい。聖書が言うように、私たちはみな、「私たちの先祖がそうであったように」地上をさまよう「居留民、避難民、巡礼者」にすぎないのです(50)(歴代誌上二九・一五参照)。かれらに対し兄弟としての同情を掻き立てるため、モーセがイスラエルの民に与えた勧告を読みなさい。かれはそこで、つぎのように言っています。「あなたがた自身、エジプトの国で、寄留者で巡礼者であったことを思い出しなさい」(申命記一〇・一九)と。ある人は、巡礼者や旅人を心にかけ、兄弟としての同情に駆られてその友人となり、こうした態度を引き継ぐ人々を確保し、自分の偉大な仕事に組み入れようとしました。かれはこう言っています。「わが家の扉はいつも旅人に開かれていた」(ヨブ記三一・三二)と。孤児については、「私は孤児であったし、寡婦たちの裁き手であった」(同上書二九・一六a、詩編六七・六参照)と言い、また「私に係わりのない訴訟にも尽力した」(同上書二九・一六b)とも言っています。

子よ、困窮者に対して慈悲の態度を忘れてはなりません。詩編作者が言うように、神はかれらの声をいつも聞いておられるからです。「貧しい人々の望みを神は聞いてくださった」(詩編一〇・一七）、また、「貧者は叫び、主はかれの声を聞かれた」（同上書三三・七）とも言われています。なぜなら貧しい人、困窮者は主のみ名を叫び、賛美するからです。貧しさあるいは困窮は、下層の人々だけのものではなく、ある場合には、一度ならずかれらと混在する上流の人々の間にも見られます。金持ちも、貧しさとまったく無縁ではありません。なぜでしょうか。なぜなら、かれの魂は困窮のなかで卑しくなり、また貧しいものがたやすく富を手に入れることもあるからです。金持ちは貧しい人をうらやみ、貧しい人は金持ちになろうと望みます。それはちょうど、知識人になりたい無知な人のようです。かれらはまったくそうありたいと望みますが、それができないのです。こうした人々について、ある人はこう言っています。[51]「金持ちも貧乏人もともに滅びる。かれらはともに困窮する。金持ちは与えないことで苦しみ、貧乏人は所有していないことで苦しむ。かれらは眠るとき、同様に同じ重荷に押しひしがれている。こうした人々は謙遜の心をもたず、真の幸福をもたらす魂の貧しさをもたない[52]」。かれらは、自分がひどく嫌うことに気をもみ苦しみます。ある人はこう言っています。「私の魂は、うそつきの金持ち、貧乏人を嫌う」（シラ書二五・二）と。

同じ金持ちのなかにもより金持ちの人があり、傲慢な貧乏人のなかにも貧しい人があり、それぞれ違いがあることが多くの書に記されています。たとえば、金持ちで、それも他の人以上にはるかに金持ちであったかれは、こう言っています。「私はつましく貧しいものです」（詩編三九・一八）。さらに、かれはいっそうへりくだって、「私は虫けらで、とても人とは言えない。人間の屑、民の恥」（同上書二二・七）であると言い、さらに、「私は不幸なものだ。私は居留者であり、住む所ははるか遠方にある」（同上書一一九・五参照）と。そしてかれは、「聖霊の慰めを受け」（使徒言行録九・三一）、富をさげすみ、われに返って、つぎのように言っています。「主は私の支え、私の援け手、守り手」（詩編一七・三）、主よ、「おくれることなく」「私のために」つねに「お計らいください」（同上書三九・一八）。したがって私は、かれに対する賛美を詩文をもって表明し、「恵みをもって私を満たされたお方に対し、喜びの心をもって歌おう」（同上書二二・二六）。かれの「掟」は「つねに私の口に満ち」（同上書三三・二）、「私はいと高きお方の偉大なみ名を歌おう」（同上書七・一八）と。

もしこれほど偉大なお方が、自分をもっとも小さいもののなかで一番小さいもの、すべてのもののなかでもっとも卑しいものと言うならば、私たちは一体、何であると言うべきでしょうか。かれは主に希望を託し、憐れみ深い「解放者」はかれをあらゆる危険から救い出されました。実際、私たちの太祖、先駆者たちは主に向かって叫び、かれに希望をかけましたが、その数多くの功徳のおかげで、「裏切られたことも」（詩編二〇・六）、辱めを受けたこともありませんでした。むしろかれらは、心身両面の富と財産を溢れんばかりに持ち、まったく安全なものであったと私たちは信じています。言われているように、アブラハム、イサク、イスラエル〔ヤコブ〕、モーセ、アロン[53]、レビの家[54]、また私が数え上げるのに「不相応で」、その「履物の紐を解く」（ルカによる福音書三・一六）ことさえふさわしくない他の多くのものが、主において希望し、心の底から主に向かって「叫び」、「主はかれらを苦難のなかから引き出し、望みの港に導かれた」（詩編一〇六・二八、三〇）と言われています。これらの人々は、地上においては主の偉大さをたたえ、来世においては祝福されるでしょう。かれらはつぎのように公言します。「地上の諸国の民、あらゆる種族と言語の違う民のすべての王たちよ」（ヨハネの黙示録五・九。詩編一四八・一一参照）、「神々のなかの神、主たちのなかの主をたたえよ」（詩編一三五・二、三）。かれは偉大で善良なお方であり、「その慈しみはとこしえにあるからである」（同上書一三五・一―三）と。かれらとかれらに従った人々が、このように神を崇め、告白し、たたえていたとするならば、子よ、私はあなたに勧めます。先にあげたすべての善き勧告と、それに続くさいごのものあるいはほぼそれに近い勧告を実践するように勧めます。あなたは読んだことを忘れることなく、むしろそれを実行に移し最高に実現するように励んでください。

主を畏れなさい。そうすれば、詩編作者が言うようにあなたはたたえられるでしょう。かれは、「主を畏れるものは幸いである」（詩編一一二・一）と言い、この畏れを抱くものはだれでも、「その子孫は、この地で勇者となるであろう。その家には、栄光と富がいつもあり、その正義は世々にわたってつねに輝くであろう」（同上書一一二・二、三）と言っています。かれらにとって真実であったことは、あなたにとってもそうであって欲しいのです。私は、できることならそれを望みたいのです。さらに言うなら、私はそれを望み、子よ、それがあなたに実現されるように祈ります。

あなたは、純潔を愛しなさい。そうすれば、すべてに優って光り輝くお方とともにとどまることができるでしょう。ある人[55]はこう言っています。「子よ、純潔を愛しなさい。〔そうすれば〕あなたは罪から清いものとなる」。また他の人も同じように言っています。「若者よ、純潔を愛しなさい。あなたは、すばらしい香気を放ち、罪はなく、清く、足早に天上の雲の上に達するであろう[56]」と。あなたは、純潔を求めなさい。そうすれば、あなたも清い心を保った人々とともに、先に述べた至福の霊にあずかり、「心の清い人々は幸いである。その人たちは神を見る」（マタイによる福音書五・八）と仰せられたお方を、「シオン[57]において見る」（詩編八三・八）ことができるでしょう。

さらに、貧しい人を愛しかれらをもてなしなさい。また柔和と寛大な心をもって、倦まずたゆまず、あなたの役割を果たしなさい。身分の低い人にも兄弟としての同情をもって接しなさい。心における貧しさと謙遜な気持をもってあなたの高貴さを包み隠しなさい。そうすれば、あなたは安心して裁きのことばを聞き、「心の貧しい人々は幸いである。天の国はその人たちのものである」（マタイによる福音書五・三）と言われているように、み国の分け前を多く受け取ることができるでしょう。

正しい裁きをするものと見られたいならば、「正義を愛しなさい」、「正しい主は正義を愛されたし」、またつねに愛し、「そのみ顔は公平さを見ておられる」（詩編一〇・八）からです。またかれは、時宜に応じてそれを愛しまた愛するように求め、つぎのように言っておられます。「国を治めるものたちよ、義を愛せよ」（知恵の書一・一）と。また他の人は、「もしあなた方が正義を語るならば、公正な裁きを行え」（詩編五七・二）、「あなた方は、自分の裁く裁きで裁かれる」（マタイによる福音書七・一二）からである、など。

したがって、子ウィルヘルムスよ、不正に用心し、それを避け、公正さを愛し、正義に従い、「不義を愛する人は、自分の魂を憎んでいる」（詩編一〇・六）という詩編作者のことばを怖れなさい。真実で純潔なお方が、あなたの脆い体のなかに真実で純潔、不滅な魂を宿らせてくださったのです。したがって、あなたは、滅ぶべき事物への欲望に惹かれて公正さと慈悲とに欠けるなんらかの不義を犯し、あるいは命じあるいは許容し、それによってあなたの魂のために不幸な鎖を準備するようなことがあってはなりません。多くの人が苦しめられるのは、他の人が犯した過失のためです。

もしあなたがそうした状況に直面したならば、エリその他の人々のことを思い出しなさい(58)。ある人は、つぎのように言っています。「もし私自身が罪を犯す人々を諌めないならば、私は、罪を犯すすべての人々とともに罪を犯している(59)」。また他の人はこうも言っています。「私は犯人が角をそびやかすままにしておかなかった」（詩編七四・五）と。目下の者が犯した過失はすべて、目上のものがその責任を取らされます。すべての不公平、不正は、間違いなくその犯人にふりかかります。王や主君の場合も同様であり、不道徳で不相応な生活を送る司教その他の高位聖職者においても同様です。かれらはその不正によって自分自身を失うだけでなく、他のものの不正を見逃すことによってかれらを滅びの淵に追い落とします。かれらについては、「実践するものも見逃すものも、同じ罰を受ける」[60]という格言もあります。かれらはともに過失を犯し、何らかの仕方で身を改めないかぎり同じように苦しみ、ともに地獄にまろび落ちます。

ある人は、つぎのような祈りを捧げました。「主よ、あなたの僕である私があなたから離れることを許さず、私が他の人の罪に加わることのないようにしてください」[61]。たしかに、自分がしたと認める悪の責任は、その人に負わされます。至福なる使徒も、「細かく気を配って歩め」（エフェソの信徒への手紙五・一五）と言い、また、「おのおの、その器」つまり自分の体を「どのように保つかに配慮せよ」（テサロニケの信徒への手紙Ⅰ、四・四）とも言っています。どのように、どのような方法で。それについてかれは、「正義と真理にもとづく聖性において」（エフェソの信徒への手紙四・二四）と書き加えています。

子よ、もしあなたが正義を好み、悪者が邪悪に行動するままにしておかないならば、詩編作者とともに、信頼をもってつぎのように言うことができるでしょう。「私は不正な人を憎み、あなたの律法を愛しました」（詩編一一八・一一三）と。ずっと以前に預言者が取り上げた人々と運命をともにしないようにしなさい。「災いだ、不正な法を定めるもの」（イザヤ書一〇・一）、「かれらは、貧しい人、乏しい人、真っ直ぐに歩む人を欺こうとしている」（詩編三六・一四）からです。かれらは悪計を企み、悪行を思いめぐらすままに行います。かれらは、律法に反して欲望を起こし、律法に従って罰されます。このような人々について福音書記者は、つぎのように正しく述べています。「身重の女と乳飲み子をもつ女は不幸だ」（マタイによる福音書二四・一九）。身重の女とは、他の者が律法に即して所有しているものを律法に反して欲しがる人であり、「乳飲み子をもつ女」とは、自分のものではないものを取り上げ、掠めたものを不正に保持する人のことです。

かれらはしばらくして、その後、韃靼人のもとで不幸な長い時期を過ごしました。あるすぐれた預言者は言っています。「かれらは、幸せに人生を送り、そして一瞬のうちに黄泉に降る」（ヨブ記二一・一三）と。これは、恐るべき耐えがたい変化です。かれらにとって、不幸のうちに生きるよりは存在しなかった方がましでした。子よ、高貴な血を引くものよ、もし体がその不正のために腐敗することになり、腐敗のなかに降り、それをとこしえに嘆くことになるとすれば、何の取り柄がありましょうか。全世界を手に入れたとしても、自分が滅びるならば何の役に立つでしょうか（マルコによる福音書八・三六参照）。なぜなら「世も、世の欲も過ぎ去る」（ヨハネの手紙Ⅰ、二・一七）からです。また金、宝石、緋色の衣をもって身を飾る人も、何も携えることなく裸で闇に降るのです。正しく思いやり深い、純潔でふさわしい生活を送ることによって得たものは別として。こうしたことが未来において起こりうることを信じているからこそ、私は、あなたがつねに悪習を避け正義を愛するように勧めるのです。

そうするならば、あなたは正しく真実な裁判者に対し安心してつぎのように言うことができるでしょう。「主よ、あなたは正しく、あなたのすべての裁きは正しい（詩編一一八・一三七）。また「私はあなたのすべての裁きは正しいことを知っています」（詩編一一八・七五）、「あなたのすべての道は真理であり、正義です」（同上書一一八・一五一）。「そのため私は、律法と正義を行います」（同上書一一八・一二一）、「あなたの律法を愛することによって、私はいっそう希望をもちました」（同上書一一八・一六五、一四七）と。もしあなたが正義に飢えるならば、「あなたの魂はうるおう園、オリーブ油と酒に溢れ」、幸福に満たされ、けっして飢えることはないでしょう」（エレミヤ書三一・一二）。あなたは、こうした人々と交わることにより、「義に飢え渇く人々は幸いである。その人たちは満たされる」（マタイによる福音書五・六）と言われている人々に容易に合流することができるのです。子よ、かれらは尽きることのない、しかも「永遠の命に至る」（ヨハネによる福音書六・二七）食べ物で飽かされるでしょう。かれらは、もっとも神聖なパンつまり「人は天使たちのパンを食べた」（詩編七七・二五）と言われたパンを食べ、「飽かされ、けっして飢えることはありません」（ヨハネによる福音書六・三五）。このパンを得るために、善行をもって働くことに喜びをもちなさい（同上書六・二七参照）。こうしてあなたは幸せのうちにこれを食べ、いっそう幸せなものとして憩うことでしょう。歩くにせよ、立ち止まるにせよ、あなたは満足し、あなたの家にはすべてにわたって幸せがあるでしょう。また「あなたの食卓の周りには、オリーブの若木のような」（同上書一二七・三。一四三・一二参照）あなたの子どもたちがいて、主をたたえ賛美することでしょう。

慈悲深いものでありなさい。もしあなたが裁判に関わることがあるならば、慈悲と寛容さを示しなさい。なぜなら慈悲は裁判に次いで、すべてにおいてすぐれているからです。「憐れみは裁きに打ち勝つ」（ヤコブの手紙二・一三）のです。好意にあふれる忠告者はつぎのように言っています。「あなたがたの父が慈しみ深いように、あなたがたも憐れみ深いものとなれ」（ルカによる福音書六・三六）と。もしあなたが憐れみを好みそれを身につけるならば、あなたは、「憐れみ深い人々は幸いである。その人たちは憐れみを受ける」（マタイによる福音書五・七）と言われている人々とともに幸せをつかむことでしょう。したがってあなた自身も、もっとも身分の低いもの、あなたに従属するもの、憐れみを必要とするもの、またその他の人々に対し、できるだけ憐れみ深い態度をとるようにしなさい。それは、もっともやさしく、もっとも憐れみ深い神から憐れみを受けるに値するためです。また、柔和なものになりなさい。あなたが取り扱うすべての事柄において、つねに柔和を示すように努めなさい。

ある詩人は言っています。

「柔和な人は、自分の体を抑制し、
偉大な手は、魂にとって支えとなる。
コンディクス（Condix）は宮廷の鳥もち〔魔力〕の虜になる[62]」。

「柔和な人々は幸いである」（マタイによる福音書五・五）など。「寛大な人々は幸いである」。かれらは、この世の地だけでなく、来世の広大な地をも「引き継ぐことでしょう」（詩編三六・一一）。神があなたに託されたすべての富を分配するにあたって、気前よく与えなさい。「偶像の礼拝者」（エフェソの信徒への手紙五・五）に見られるような貪欲があなたについて言われてはなりません（同上書五・三参照）。神があなたに多くあるいは少なく与えたとしても、あなたの資力に応じて、求める人に分け与えなさい。与えなさい、そうすればあなたも受けるでしょう。「困窮者を慮る人は幸いである」、「貧しいものに思いやりのある人は幸いである」（詩編四〇・二）と書かれています。かれの生涯は称賛されるべきものとなり、その行いは高貴なものとされるでしょう。「貧しい人に与える人は欠乏することがない」（箴言二八・二七）。そして、正しい施し主は世とともに過ぎ去るとしても、かれはいつまでも栄光と喜びのなかにとどまるでしょう。

したがって、子よ、あなたはソロモン(63)が言っているように、「まず、持っているもの、また初物のなかから捧げて主を敬い」（箴言三・九）、また、あなたの富のなかから貧者に与えなさい。さいごの裁きの終わりに、あなたが誠実、純潔な心をもって、安心して「主よ、お与えください。私は与えました。私を憐れんでください。私は憐れみました」と言えるように、与えなさい。実際、福音書にもつぎのようなことばがあります。「不正にまみれた富で友達を作りなさい。そうしておけば、金がなくなったとき、あなたがたは永遠の住まいに迎え入れてもらえる」（ルカによる福音書一六・九）と。

したがって、あなたはしばしば貧者の懐にあなたの施し物を隠しなさい。子よ、それが、あなたのために主に祈りを捧げてくれるでしょう（シラ書二九・一五参照）。それについては、あなたとともに他の人にも、つぎのように保証してくださった権威者がいます。「与えよ、そうすればあなたたちにも与えられる」（ルカによる福音書六・三八）、「施せ、そうすればあなたたちにはすべてのものが清くなる」（同上書一一・四一）と。また学者たちは言っています。「施しをすれば人は死から救われ、暗黒の世界に行かずに済む」（トビト記四・一〇）と。なぜでしょうか。それは、水が火を消すように、施しは罪を消すからです（シラ書三・三〇参照）。消すとは、闇のなかに入れて見えなくすることです。施しによる救済方法はいろいろありますが、私はそのうちの三つをとくに勧めます。ひとつは、あなたが持っているものあるいは困窮者が求めるものを密かに与えることです。第二は、あなたに害を与えた人をキリストにおいて赦すことです。慈しみ深く温和なお方は言っています。「赦しなさい。そうすればあなたがたも赦される」（ルカによる福音書六・三七）。また、「祈ろうとするとき……赦しなさい」（マタイによる福音書五・二三）。さらに、「もし思い出したら、仲直りに行きなさい」（同上書五・二四）と。第三に、過失を犯したものを、必要ならば、ことばと罰とをもってしばしば諌めることです。

使徒〔パウロ〕[64]も、「咎め、戒め、励ませ」(テモテへの手紙Ⅱ、四・二)と書いています。かれは、善人は励まし悪人は戒めるように命じています。かれは悪人に対し、「私はあなたがたの所へ鞭をもって行く」(コリントの信徒への手紙Ⅰ、四・二一)と言い、善人に対しては「あなたがたの所へ、当然のこと、柔和な心をもって行く」(同上書)と書いています。あなたは道を逸れた人を見つけたならば、できるだけかれらを真理の道に連れ戻しなさい。そうすれば、あなたはたしかにまた豊かに三種の施しを実践することができるでしょう。

第九項　貧者への援助

しつこく求める貧者たちに耳を傾けなさい。「救いを求める貧者を怒らせるな」(シラ書四・二)と書かれています。かれらは心で苦しみ、口で叫び、真に自分に全く欠けているものを与えてもらいたいと望んでいます。お願いです、考えてもみなさい。もしあなたが同じように困窮していたならば、そのような境遇にあって、あなたもかれと同じように施しを願うということを。

不当な態度について言われていることは、正当な態度についてもあてはまります。不当な態度については、「あなた自身にしてもらいたくないことは、他の人にもしてはならない」（トビト記四・一六）と言われています。正当な態度についても、お互いが受けるはずの恩恵を考えて、つぎのように書かれています。「あなたが人にしてもらいたいと思うことは何でも、あなたがたも人にせよ」（マタイによる福音書七・一二）と。他人の富をただで受けたものが、できるだけただで、自分の富を分け与えるのは当然です。したがって、あなた自身、食べ物、飲み物を必要とする人に与え、また裸のものには衣服を与えるように勧めます。それぞれの人が、持っていると思う富のなかから喜んで与えるべきです。つぎのように書かれています。「飢えた人にパンを割って与え、さ迷う貧しい人を家に招き入れ、裸の人に会えば衣を着せかけ、同胞に助けを惜しんではならない」（イザヤ書五八・七）。

ここで言われている「同胞」（肉 caro）とは、私たちが他の人々と起源を同じゅうするということです。人祖自身が、自分に似たものについて、「これこそ、私の骨の骨、私の肉の肉」（創世記二・二三）と言っているとおりです。実際、caro（肉）は、cadere（落ちる）という動詞から来る名詞であり[65]、その意味でまたその範囲において、貧者も富者も、あるいは倒れあるいは立ち上がりつつ、ついに皆が地の塵に帰るのです（創世記三・一九参照）。

いずれにせよ、自分の多大な功徳のために多くの富を受けたものが出会う貧者を物的に支え助けることは、明らかに正しいことです。飢えている人、渇いている人、裸でいる人（マタイによる福音書二五・三五、四二参照）、孤児、旅行者、異邦人、寡婦、また子どもたち、抑圧されたもの、その他すべての困窮者に兄弟としての同情を抱きなさい。かれらに出会ったならば、善意と慈悲とをもってかれらを助けなさい。そうすれば、「あなたの光は曙のように射し出で」（イザヤ書五八・八）、あなたの歩みは絶え間なく照らされるでしょう。「慈悲」と平和はけっしてあなたを見放すことはなく、「真理」と正義は、いつでも、どこでも「あなたの顔に先立って行くでしょう」（詩編八八・一五）。

以上のことを行うならば、あなたが主を呼び求めるとき、かれは聞いてくださり、「あなたが叫べば、『私はここにいる』と言われ」（イザヤ書五八・九）ます。

第Ⅴ章

第一項　種々の苦難について

人生においては、苦難と悲しみ、困難と誘惑がさまざまな形で相次いで起こります。それは、肉的な人間だけでなく霊的な人間においても同様です。肉的な人間は滅びるはずの富のために悲しみ、霊的な人間は天上の善を失いはしないかと怖れ、悲しみます。使徒も言うように、「世の悲しみは死をもたらし」（コリントの信徒への手紙Ⅱ、七・一〇）、霊的な悲しみは永遠の生命と喜びを引き寄せます。

鳥にはいろいろな種類があって、普通、それぞれのメロディを奏でつつ、その歌をもって自分の嘆きを表します。それは、死すべき人間はそれぞれ生涯の間に心の底から二通りの嘆きを発するはずであることを示しています。ひとつは、当然、為すべきであった善を怠ったことについて、もうひとつは、してはならない悪を好み邪悪な行動を取ったことについてです。この両分野においては人間的葛藤があり、そこでは喜ばしい歌を奏でることはできません。[1] ところで、障害となる悲しみは除去すべきですが、魂のためになる悲しみは、しっかりと受け止め利用すべきです。なぜなら、霊的悲しみは肉的悲しみよりも貴重なもので、経験豊かな人々は、もし人の心に悲しみをもたらす確かな動機があるならば、それを忘れ去るよりも見極める方がよいと教えています。

そのうちのひとりはつぎのように言っています。「私たちは悲しんでいるようでありながら、つねに喜び」、「無一物のようで、すべてのものを所有している」（コリントの信徒への手紙Ⅱ、六・一〇）と。「ようで」（quasi）と言ったのは、それが真実ではないからです。夢を見たある人は、こう言っています。[2]「私は馬に乗って駆けていたようである。また宴会に連なり、すべての盃を手にもっていたようである。食欲をそそるような香りを放つ料理、果物皿は言うまでもない。私は、調教中の騎手のように右に左に跳びはねていた。しかし夢から醒めたとき、私には何も見えず、何も手にしていなかった。私はすべてを奪われ、弱々しく、さ迷い、手探りで、『ようで』あったにすぎなかった。ああ、もし私が見、手で触れ、踏みしめていたものが真実であったならば」。

またこの学者は、こうも言っています。「もし、この人あるいは別のだれかが、影に騙されて、

「ような」ものを真実のこととして受け取り、宴会に駆けつけるとしたらどうでしょう。かれは、移ろい死んで行きます。そして現世の幸せの「ような」ものは、意味も取り柄もないものとともに消え去ります。弔いの歌がうたわれている間に、「ような」もの以外、何も残りません。なぜでしょうか。かれらの富は過ぎ去り、永遠の死への断罪のみが残るからです。知恵ある人々によりますと、すべてを現世の視点から見る人々がもっているのは、「ような」ものだけです。ある著者はこう言っています。「私は、太陽の下、すべてを見た。なんという空しさ、なんという空しさ、すべては空しい」（コヘレトの言葉一・二）と。つまり「ような」ものは、空しい夢に深く結びついています。なぜでしょうか。詩編作者は、つぎのように言っています。「すべての愚か者は心をかき乱された。馬に乗った人たちは深い眠りに陥った」（詩編七五・七）。目覚めたかれらは、「もはや何も手に持っていなかった」（同上書七五・六）。かれらは進んで行き、二度と帰って来なかった、と。

邪悪な生活を送り、悔い改めることもなく、深淵に落ち込む人の眠りのいかに深いことか。かれらが目覚めることはありません。かれらがもっているのは、「ような」ものでなくて何でしょう。「果物を積んだ小舟の『ように』流れ去り」（ヨブ記九・二六）、朝、花を開き、夕べにはしぼむ草のように枯れ、固くなり、萎れ、火に投げ入れられます。詩編作者は、「すべての肉は草、すべての栄光は畑の花の『ような』ものである」(詩編一〇二・一五)と言っています。かれは、この地上で長く生きているように見えますが、その生活はある麻布に似ています。それは、短かく裂かれて市場で売られています。もしそうでなかったとするならば、幸せなヨブは(3)、つぎのようには言わなかったでしょう。「人は女から生まれ、短い人生を送り、多くの苦難にさいなまれている。それは、花の『ように』生え、足で踏みつけられる。それは影のように移ろい、けっして同じ状態には留まらない」(ヨブ記四〇・一、二)。そして、こうした短命を免れるものがだれかいると信じることのないように、つぎのように付言しています。「私の皮膚は乾き縮んでいる。私の一生は、機《はた》の梭《ひ》が横切るよりも速く過ぎ、目的も希望もないままに尽きる」(ヨブ記七・五、六)と。

人間的条件を伴う幸せはきわめて脆く、それは、もっとも長い経験をもつものにとっても千年生きる人よりももっと早く過ぎ去り、そのさいごの日は蜘蛛の巣のようなものです。実際、つぎのように書かれています。「『千年といえども』、人々の『目には』過ぎ去ったばかりの『さいごの一日』のよう。その年月は、時の流れにあっては、『何物でもない』。それは、昨日が今日に移る夜の一時の『ような』ものにすぎない。『かれらの年月はこうしたものである』」（詩編八九・四）と。また、聖書は言っています。「地上における人間の生命は、誘惑以外の何物でもない」（ヨブ記七・一）と。「ような」ものが突如、消滅するとき、すべての人の目のまえには、「真の」（uerum）ものがありのままの姿を現します。「ような」もの、「真の」ものとはこうしたものです。なぜでしょうか。預言者の言うことを聞きましょう。「『私の竪琴は喪の調べだけを奏で、私の笛は泣くものの声だ』（同上書三〇・三一）、嗚咽しつつ歌う私の歌は嘆きにすぎない」と。この人は、かつてバターで足を洗い、かれのために石からオリーブ油が流れ出て（同上書二九・六参照）、自分の多大な資産が増えるのを目の当たりにし、町の広場では高座が準備されていました（同上書二九・七参照）。ところが、今、事態は転換し、すべては変化し失われ、かれは堆肥の汚物の上に、ただひとり座り（同上書二・八参照）、その全身には虫が這いまわっていました。その子どもたちも資産も失うという試練のなかで、かれは一体、「ような」もの以外のものを何か見出したでしょうか。また、溢れ出る悲痛な嘆きのほかにかれには何が残されたでしょうか。「真の」ものに対して生じたことは、その苦しみが完全にかれから離れるとき、「ような」ものに対して起こりました。かれは「真の」ものの前に立ったときはじめて、かつての資産を取り戻し、癒され、視力を回復し、家族とともに幸せな日々を送ったのです。

「真の」ものについては、このとおりです。かれは平和のうちに一生を終え、良心には咎めるところはなく、純潔なものとして喜んで父祖のもとに立ち去ったのでした。私たちはそれが真実であることを信じています。かれ自身、まだこの地上に生きていたとき、無頓着と悪行のなかに生きる人々における「ような」ものと「真の」ものがかれらにもたらしうるものについて、つぎのように言っています。「かれらは幸せに人生を送り」――これが「ような」もので、「瞬時に黄泉に赴く――これが「真の」ものです」（ヨブ記二一・一三参照）。その他多くの例があります。

このように、学者たちはこれほど多くの重要なことを私たちに信じさせようとしているのですから、私はためらうことなく、恐るべき仕方で「支配者の霊を取り除かれる」（詩編七五・一三）お方を、あなたがだれにもまして愛し慈しむように勧めます。人はみな、自分が取り出された土に返り、それ以外に自分の場所を見出すことはできません。この土は泥と塵に返るとき、聖書に言われているとおり、不潔な蛆虫を生じます。「人は死んでしまうと、爬虫類……を受け継ぐだけだ」（シラ書一〇・一一）。

また別の個所では、つぎのように言われています。「あなたに尋ねるが、裸で汚物のなかで眠り休んだ人はどこにいるのか」(ヨブ記一四・一〇)。どこに。学者たちが言うように、たしかに、それが東であれ西であれ、北であれ南であれ、「かれは、その倒れたところにいる」(コヘレトの言葉一一・三)。この四つの方角には深い意味が含まれています。それを一々説明するのは長すぎますが、学者たちは分かりやすく説明してくれます。それは簡潔に言うと、つぎのような内容になります。「木はその倒れたところに横たわる」(同上書一一・三)などと言われていますが、「木」はそれぞれの人を示すと考えるべきです。それが良いものか悪いものかは、たしかに、その実によって知られます(マタイによる福音書七・一七―二〇参照)。美しくすぐれた木は、みごとな葉を茂らせ、それに見合う実を結びます。それは、偉大さと忠実さを身につけた人に起こることです。よく教育された人は聖霊に満たされ、葉と実とを豊かに生じうるものとなります。それは甘美な香りによって分かります。かれは葉としてことばを、実として判断を、あるいは葉として知性を、実として善い行いを身に付けています。良い木は繁茂し、悪い木は火に投じられます。聖書にも、「良い実を結ばない人はみな、切り倒されて火に投げ込まれる」(マタイによる福音書三・一〇、七・一九)と書かれています。

真の木、真実の正統なぶどうの木は、じつは私たちの主イエス・キリストであり[(4)]、すべての選ばれた木はかれに根を下ろし、かれから無数の小枝が生え出し、かれは良い実を本当にもたらすことのできる枝を選ぼうとされました。かれは、「私は本当のぶどうの木であり、あなたがたは枝である」と言い、さらに、「あなたがたが行って実を結び、その実が残るようにと、私が世からあなたがたを選んだ。かれは私につながり、私もかれにつながっており、その人は多くの実を結ぶ」（ヨハネによる福音書一五・五、一六）と述べています。したがって子よ、あなたがこのような木につながり、つねにつながったままにとどまり、いつまでも善行をもって良い実をもたらし、できるだけ多くの実を結ぶように勧めます。かれを固く信じて生きる人は、流れる水のほとりに植えられた良い木にたとえられています（詩編一・三参照）。深く根を張り湿っている木は、夏も枯れることはなく、葉はいつも青々として生気があり、実を結ぶことをけっしてやめません（エレミヤ書一七・八参照）。なぜか、分かりますか、子よ。それは使徒が言うように、「かれらが愛に根ざし、愛に基礎をおいている」（エフェソの信徒への手紙三・一七）からです。かれらは聖霊の恩恵を受けることによって、いかなる時も、隣人に自分たちの実を分け与えることをけっしてやめないでしょう。

どのような木が多くのすぐれた実を結ぶ木であるかを知ろうと思うなら、つぎの使徒のことばに注目しなさい。「霊の結ぶ実は、愛であり、喜び、平和、寛容、親切、善意、誠実、柔和、忍耐、純潔、節制、慎み」(ガラテヤの信徒への手紙五・二二、二三)、節度、警戒、慎重さ、その他似たような徳です。このように行動するものはより容易に神の国に入ることができるのですから、子よ、あなたは接ぎ木され、あなたの心、体においてこれらの実を結ぶようにし、絶えずそれに専念しなさい。このように、善行をもって実を結び続けることにより、あなたは、報酬と拒絶の日に、真の木によって保護され支えられるに値するものとなります。

第二項　争いのあとは仲直りすること

子よ、もしあなたがなんらかの害を及ぼすようなことがあったならば、あるいはあなたの魂が沈み悲しんでいることに気づいたならば、できるだけ速やかに、全面的に考えを改めるようにしなさい。すべてを見ておられるお方に立ち戻り、内外ともに、あなたの罪過と不相応さを心行くまで表明し、つぎのように言いなさい。「私の若いときの罪と背反を思い出さないでください」(詩編二五・七)。主よ、お願いです。「私の不義といっしょに私を滅ぼさないでください」(同上書二七・三）、またいつまでも、怒りをもって私の悪をみ心に留めないでください。むしろ、あなたのかつての寛大さと善意とをもって私をお助けください。あなたは慈悲深いお方だからです。

子よ、徴税人のつぎのことばを思い出しなさい。「神様、罪人の私を憐れんでください」（ルカによる福音書一八・一三）。なぜなら私は不幸なもの、不浄のもので、ふさわしいものではありません。どうして。なぜでしょうか。なぜなら私の罪の重さは私を押し流し、ただひとり罪なきお方であるあなたが手を差し伸べてくださらない限り、またあなたが危険な荒波に沈みそうなものを助けてくださらない限り、私は目を上げることはできません。主よ、罪によって転落し、汚れた私を立ち直らせてください。暗黒のなかに投げ込まれた盲人を照らしてください。罪の足枷によって縛られた囚人を解放してください。悔い改めた盗賊の願いを聞き届け、徴税人の過失を許し、義人のために報酬を準備し、罪人に赦しを拒まれなかった主よ。あなたは仰せられました。「私は悪人が死ぬのを喜ばない。私はただ、かれらが回心し生きることを望む」（エゼキエル書三三・一一）と。そのため私は回心し、あなたに向かおうと望み、一旦、私の悪習を改めたあとは、情熱と力のあらん限りあなたの掟を守ろうと欲しています。いと義なる父よ。

もしあなたがこうしたあれこれの例を心に思い浮かべるならば、「ような」ものによる悲しみは遠ざかり、事物、より正確に言うなら、未来の事物の喜びを予感させる「真の」ものが見えてくることでしょう。そのような喜びは、「目で見たことも耳で聞いたこともなく、人の心にけっして思い浮かびもしなかったものです」（コリントの信徒への手紙Ⅰ、二・九）。「神は、心の底からご自分を愛する人々に」、どれほど多くの、またどれほど多様な「善を準備されたことか」（同上書二・九）。子よ、もしあなたがこの喜びを得たならば、だれもそれをあなたから取り去ることはできません。むしろあなたは多くの人々とともに、広大無辺な永遠の至福を享受することでしょう。それについては、「あなたがたの喜びをだれもあなたがたから奪い去るものはいない」（ヨハネによる福音書一六・二二）と書かれています。子よ、この喜びにあずかりうるためには、自分自身で罪を犯さないだけでなく、他人の罪に加担したりしないようにしなさい。切に勧めます。そして、詩編作者とともにこう言いなさい。「主よ、隠れた罪から私を清めてください。あなたの僕を他人の罪からお守りください」（詩編一八・一三）と。これ以上、書き加えることはありません。

第三項　種々の誘惑に遭うとき

苦難、迫害、試練、窮乏、行き詰まり、危険、弱さ（コリントの信徒への手紙Ⅱ、一二・一〇、六・四参照）、さらに私たちのか弱い体に付きまとうすべての弱さにおいて、つねに勇気ある者としての証しを立て、備えをしておきなさい。「あらゆる配慮をもってあなたの心を守れ」（箴言四・二三）と書かれています。堅固なものとしてとどまるため、あらん限りの力を尽くして戦いなさい。

第四項　苦難に遭うとき

いま述べたように、もし苦難に出遭うことがあるならば、子よ、忍耐強く堪え忍びなさい。「苦難は忍耐を生む」（ローマの信徒への手紙五・三）と書かれています。なぜなら、苦難のなかにあって神に信頼して叫ぶならば、神はあなたの声を聞き入れてくださるからです。預言者は「苦難のなかから主を呼ぶ」(詩編一一九・一)と言い、また「あなたは苦難のなかから私を呼び求め」(詩編八〇・八)、「恵みの時、救いの日に私はあなたを助けた」(イザヤ書四九・八)と言っています。したがって子よ、あなたは苦難に遭うとき、叫びなさい、そうすれば聞き入れられます。聞き入れられたあと、あなたは信頼をもって神をたたえ、こう言うことができるでしょう。「苦難のなかから私は神を叫び求め、主は聞き入れて私を解き放たれた」(詩編一一七・五)と。

第五項　迫害に遭うとき

お願いです。迫害においては、いろいろ迷ってはなりません。「試練を耐え忍ぶ人は幸いです。その人は適格者と認められ、命の冠を頂く」(ヤコブの手紙一・一二)からです。また、「義のために迫害される人々は幸いである」(マタイによる福音書五・一〇)と言われ、さらに、「人々があなたたちに悪口を浴びせ、迫害し、私のために身に覚えのないことを言うとき、あなたたちは幸いである」(同上書五・一一)とも書かれています。もしそれがあなたの罪のせいであるならば、キリストにおいてそれを忍耐強く堪え忍びなさい。

第六項　窮乏に陥ったとき

もし窮乏に陥ったならば、信頼をもってつぎのように唱えなさい。「私を窮乏から引き出してください、神よ」（詩編二四・一七）と。なぜなら、もし慈しみ深いお方がお望みならば、いつかあなたはもとの状態に戻ることができるからです。ヨブ(5)、トビト(6)その他の人々のことを思い出しなさい。

第七項　行き詰まりに遭ったとき

行き詰まりはすべて、困窮です。この戦いと困窮の苦難のなかにあった人は、つぎのように言っています。「私は困窮のなかにあり、若い時から苦しんできた。私は上げられ、そして下げられた」（詩編八七・一六）と。なぜでしょうか。それは、「あなたに対する恐れが私を圧倒し」（同上書八七・一七）、「あなたは、私から友人も知人も遠ざけてしまわれた」（同上書八七・一九）からです。「あなたは、不幸な日々において幸せの日々を忘れることのないように」（シラ書一一・二七）、また苦難と窮乏の日々において、それがあなたの心と体をさいなむとき、あなたの保護者なる主に叫び祈るように勧めます。子よ、ヨセフ[7]、ダビデ[8]、ダニエル[9]、スザンナ[10]、シドラック、ミサック、アブデナゴ[11]その他の人々の行き詰まりを思い出しなさい。かれらは、その行き詰まりのなかで主に向かって叫び聞き入れられただけでなく、さらに以前の状態に戻され、より大きな恵みを与えられました。

第八項　病気のとき

もし体が病気になったならば、それに打ちひしがれ悲嘆に暮れてはなりません。なぜなら主がお与えになる鞭は、いつも心と体に救いと薬をもたらすからです。聖書にも言われています。「わが子よ、主の諭しを拒むな。主の懲らしめを避けるな。主は、愛する者を懲らしめ」（箴言三・一一―一二）、「子として受け入れるものをみな、鞭打たれる」（ヘブライ人への手紙一二・六）と。神は、父が子に対してするように鞭打つ者を受け入れ、愛されます。実際、学者たちによりますと、多くの人にとってその病は悪ではありません。なぜでしょうか。かれらは、健康な間は不正な利得、遊蕩その他の悪習を求め止まるところを知りませんでしたが、神はかれらを憐れみ、訪れてくださったのです。

またかなりのものが、長い間、健康に恵まれながら悲しんでいます。かれらはこうした悲しみを引きずりながら、つぎのように言っています。「神よ、あなたは私を忘れられた。私を忘れられた。今年、私を訪ねようとはされなかった」[12]と。一方、体の苦しみを受けながら喜ぶ人も多くいます。それが自分にとって有益であると分かっているからで、かれはつぎのように言っています。「私は弱い時にこそ、よりいっそう強い」(コリントの信徒への手紙Ⅱ、一二・一〇)と。こういった類の苦痛から未来を悲観することのないように、かれは礼拝の気持ちを込めて神をあがめつつ、自分の考えをつぎのように述べています。「現在の苦しみは、将来、私たちに現れるはずの栄光に比べると、取るに足りないと私は思う」(ローマの信徒への手紙八・一八)と。その功徳のために、体のすぐれた健康を神から与えられているものも多くいます。アブラハム[13]、モーセ[14]その他の人々のことを思い起こしなさい。

現世において、健康と病苦は各自の性格に従ってさまざまに受け取られています。それは、ある人々にとっては栄光を、ある人々にとっては屈辱をもたらします。ピラト[15]、ヘロデ[16]、その他の「悪魔の手下[17]」は病気になりましたが、その病は、単に体だけでなく体と魂双方の痛みや苦悩をもたらしました。こうした人々やその仲間について、預言者はつぎのように言っています。「主よ、二倍の力でかれらを打ち砕いて下さい」（エレミヤ書一七・一八）と。ラザロ[18]、ペトロの姑、百人隊長の下僕その他多くのものが病気になりましたが（ヨハネによる福音書一一・三九—四四、マタイによる福音書八・一四—一六、八・五—一三など参照）、かれらは体の病を「死に至るものとしてではなく、栄光として」つまり神の子のことばを受け入れそれを信じた人々によってすべてにおいて「神の子が栄光を受けるため」のものとして受け止めました。こうした人々、またかれらと同輩について、つぎのように言われています。「病はあなたのなかで消え、苦しみは過ぎ去った[19]」。どうしてでしょうか。預言者のことばを聞いてください。「かれらは、わずかな試練を受けた後、豊かな恵みを得る」（知恵の書三・五）、「かれらの目からは涙がことごとく拭いとられ、かれらにはもはや死もなく、嘆きも、苦労もない。前のものが過ぎ去ったからである」（ヨハネの黙示録二一・四）。

今、二重の悪について述べましたが、つぎに、二重の善についてふれておきましょう[20]。聖人たちのうちのあるものは、つぎのように述べています。「正しい人は輝き渡り、藁を焼く火のように燃え広がり」（知恵の書三・七）、さらに「永遠にわたって」（ダニエル書一二・三）、「二枚の長衣を受けるであろう」[21]と。なぜでしょうか。神はかれらを銀のように試し、金として鍛えたからです（詩編六五・一〇、シラ書二・五参照）。だからこそ、かれらは美しい王国と輝く冠を神のみ手から受けるのです。子よ、あなたがこの栄誉と栄光に注目するよう、熱心に勧めます。そして、もし神があなたに長寿を恵んでくださるならば、あなたはつねに、それを体の健康と魂の救いに役立てるようにしなさい、お願いします。『司牧指針』（Regula pastoralis）を読みなさい。[22]そうすれば分かります。

第九項　すべてにおいて神をほめたたえること

子よ、あなたが受けた有用なもの、ふさわしいもの、適切なものはすべて、あなたの大きな功徳に由来するかのように考え自分のせいにするのではなく、神からのものとして受け止めなさい。聖書にも、「私たちではなく、主よ、あなたのみ名に栄光あれ」（詩編一一三・一）と書かれています。実際、人は受けなかったものを何か持っているでしょうか。もし受けたのであれば、なぜ誇るのでしょうか（コリントの信徒への手紙Ⅰ、四・七参照）。したがって、たたえられるべき神に対し最高の賛美、誉れ、栄光を捧げるように、あなたに勧めます。もし富を豊かに持っているならば、過度にあなたの心をそれに傾けてはなりません。いつかは、それらは過ぎ去るからです。

したがって、あなたは、富者になろうと欲するならば知恵を修得するようにしなさい。いつもこれを身につけ、それに頼るようにしなさい。聖書にも、「知恵ある人の心には、望ましい宝がある」（箴言二一・二〇）などと書かれています。こうした宝と富こそ手に入れるべきです。これらのものは、強盗も「盗人も見つけ出すことも盗み出すこともできない」（マタイによる福音書六・二〇）ものです。実際、これらの富を上手に使いこなした人は、私が先に述べた真の富を容易に手にすることができるでしょう。アブラハム(23)は富者であったし、子どもたちもそうでした。ヨセフ(24)、ダビデ(25)、ソロモン(26)も富者であったし、つぎのように言っている人も同様でした。「あなたも知っているとおり、私は願望というパンを食べなかった(27)」。かれらは年齢を豊かに重ね、若さを保ち、心においては貧しかったが、私が引用したように、「心の貧しい人々は幸いで」（マタイによる福音書五・三）あり、いつも大いに栄えていました。以上で終わり(28)。

第Ⅵ章

第一項　七つの賜物と八つの幸福、諸徳の修得

したがって私は、聖霊の七つの賜物と結びつく八つの幸福について[1]、子よ、私のか弱い理解力をもとに、子ども向けに分けて説明しようと考えました。あなたはまだ固い食べ物を摂ることはできず、乳のようなものを摂っていますが（ヘブライ人への手紙五・一二参照）、段階を追って、最小のものから最大のものへと容易に駆け上がり、最高の食べ物を味わうことができるようになるでしょう。詩編作者は、その食べ物についてつぎのように言っています。「味わい、見よ、主はいかに甘美なことか。望みをかける人」、またかれを信頼し自分の心をつねにかれに置く人は「幸いである」（詩編三三・九）。子よ、私はあえて福音書の文章を順を追って説明しようとは思いません。私はそれにふさわしいものではなく、ただ、今言ったようにあなたの若い理解力に合わせ

て説明しようとしています。いと小さい者である私は、キリストにおけるいと幼いものに、食べ物ではなく乳という飲み物を与えました（コリントの信徒への手紙Ⅰ、三・二参照）。

あなたは、魂の貧しさをもつことによって、何の苦労もなくしかし純潔かつ実直な良心をもって、すべての聖なる正しい富が由来するお方に到達し、また預言者が、「見よ、『若枝』（Oriens）という名の人である」（ゼカリヤ書六・一二）と述べているお方の完全さにまで豊かに成長することができるでしょう（エフェソの信徒への手紙四・一三参照）。Oriens（「若枝」）と言われるのは、このお方は天において光り輝き、貴い御血をもって私たちを贖い、その富をもって私たちを富ませるために私たちの貧しさをご自分のものとし（コリントの信徒への手紙Ⅱ、八・九参照）、もし私たちに能力と資格があるならば、私たちの名が聖人たちのそれとともに天に刻まれるように、お命じになるからです。かれ自身、「喜べ、大いに喜べ。あなたたちの報いは神のみもとにおいて大きい」（マタイによる福音書五・一二）と言い、また、「あなたがたの名が天に記されていることを喜べ」（ルカによる福音書一〇・二〇）と仰せられました。

第二項　完全な人として生きること

それ相応の功徳のおかげで、まだ地上にありながら泥と汚濁を避けて進むものは幸せです。すでにかれの名は天のみ国に刻まれています（ルカによる福音書一〇・二〇参照）。

子よ、それはどのような人か、あるいはかれにこれほどの富と栄光をもたらしみ国と神の住まいとを所有させ楽しませる徳が、どのような徳であるかを知りたいならば、問いの形で語るつぎの預言者のことばを聞きなさい。「主よ、どのような人があなたの幕屋に住み聖なる山に憩うことができるのでしょうか、それを教えてください」（詩編一四・一）[2]。質問はこれです。主がかれに何と答えられたのか、私たちはそれを知り理解しなければなりません。

第三項　どのような人でなければならないか

ところで、主は言われました。それは、

1 「汚れなく歩む人」（詩編一四・二）、
2 「正義を行う人」（同上書）、
3 「真実を語る人」（同上書）、
4 「ことばをもって欺かない人」（同上書一四・三）、
5 「隣人に災いをもたらさず」（同上書一四・四）、
6 「かれを欺くために誓わない人」（同上書一四・五）、
7 「金を貸しても利息を取らない人」（同上書一四・六）、
8 「隣人を嘲らない人」（同上書一四・七）、
9 「賄賂を取って無実の人を陥れない人」（同上書一四・八）、
10 「人から受けた不義を耐え忍ぶ人」（同上書一四・九）、
11 「潔白な手をもつ人」（同上書二三・四）、
12 「潔白な心と純潔な体をもつ人」（同上書）、
13 「法を犯しえたのに犯さなかった人」（シラ書三一・一〇）、

14「悪事を行いえたのに行わなかった人」（同上書）、
15「できる限り貧者に援助の手を差し伸べる人」（シラ書七・三二）である、と。

こうした人は、安心して神のいと高き幕屋に住むことができ（詩編一四・一参照）、また「その財産は神におかれていて揺るぐことなく」（シラ書三一・一一）、悪魔は神のみ前においては無力です。こうした人はその善行を続行し、つねに「神を畏れつつ、かれに栄光を帰する」（詩編一四・四）のです。

第四項　七つの数の計算(3)

聖霊の賜物の七と福音による至福の八を合わせると、一五という数になります。実際、数え方教師が言うには(4)、七の一倍は七、七の二倍は一四であり、同様に、四の一倍は四、四の二倍は八で、それに七を加えると一五になります。先に述べたように、この足し算の内容をもとに、ある知者は「七の部分と八の部分に分けておけ」（コヘレトの言葉一一・二）と言ったのです(5)。

また、七の二倍は一四、それに一を加えると一五になります。そしてあなたは言うでしょう。七の七倍は四九、それに一を加えると五〇になる、と。このように一を加えていくと、やがて切りのよい数になります。あなたはまた言うでしょう。七の一一倍は七七、七の七〇倍は四九〇になる、と。あなたはさらに言うでしょう。三の三倍は九になり、それに一を足すと一〇になり、このようにして、一〇、〇〇〇という数になる、と。

こうした計算は、互いにどこが違うのでしょうか。子よ、それを詳しく説明すると長くなります。しかしあなたはこのような知識に無知であってはならないので、簡単に説明しておきましょう。七の七倍ということは、私たち一人ひとりに十全な満足を与えようとするものです(6)。一を加えるのは、五〇という全体を確保するためです。実際、聖霊の恵みは、私たちを罪の赦しをもって矯正し償いをもって改善することによって、五〇年節〔ユダヤ教の〕――この語は赦しと解放を示します――の年にふさわしい詩編五〇の歓喜を保証します(7)。だからこそ、あなたはしばしば例の詩編を歌うのだと私は考えます。「救いの喜びを私に味わわせ、力強い霊をもって私を支えてください」(詩編五〇・一四)。

七を一一倍すると言うとき(8)、この計算は、魂の満足に結びつくあなたの体の懲罰だけを示していると理解しなさい。さらに、七を七〇倍すると言うとき、それは、他の人があなたに浴びせる侮辱をいつも赦すことであると理解しなさい。それこそ、使徒たちのかしらが言ったことです。「主よ、兄弟が私に対して罪を犯したなら、何回、赦すべきでしょうか。七回までですか」（マタイによる福音書一八・二一）。それに対して主は言われました。「私は七回までとは言わない。七の七〇倍まで赦せ」（同上書一八・二二）。七の七〇倍は、数え方教師によると四九〇になります。したがって、それはつぎのように言うのと同じです。かれは、あなたの隣人あるいはその他のだれかではなく、それ以上にあなたの兄弟です。かれはあなたに対し、行為だけでなくことばにおいても罪を犯すかもしれません。もしそうなるならば、幾度も倍にして赦しなさい。慈しみ深い主ご自身、つぎのように言っています。「もし人の過ちを赦すなら、あなたがたの天の父もあなたがたの過ちをお赦しになる」（同上書六・一四）と。

七という数は創造主の賜物を示し、八は幸せを示しています。子よ、あなたがこの一五の段階を順を追って、左手から右手へと、徐々に一〇〇の数まで昇るように勧めます。そうすればあなたは害されることなく、容易に完徳の頂点に辿り着くことができるでしょう。(9) 実際、すぐれた数え方教師は、左手の指の折り方をいろいろ変えて九九まで数え、一〇〇になると、左手はやめ、喜びを込めて右手をあげます。[10] こうした両手による数の数え方について、聖書はつぎのように述べています。「かれの左の手を私の頭の下におき、右の手で私を抱いてくれるだろう」（雅歌八・三）と。子よ、左手は私たちが働くことによって展開される現在の生活を示しているにすぎませんが、右手は聖なる真の天の祖国を示すのです。天の頂きから雷鳴を轟かせるキリストが、多くの年数を加えてあなたの生命を長らえさせ、数え方教師の九九をめでたく実現させてくださいますように。ヒゼキアの生涯に一五年を加えられたお方が（列王記下二〇・一―一一参照）[11]、あなたの命を長らえさせてくださり、多年に及ぶ生涯のあと、できることならば、幸せな一〇〇年を全うさせてくださいますように。「み旨が天において行われるとおり、地にも行われますように」（マカバイ記I、三・六〇）。アーメン。

世々にわたって、つねに生きておられる至聖なる三位一体の恵みのお助けによって。アーメン。これらの幸せは聖霊の恵みのお助けによって完成されますが、その結末について、聖書はつぎのように言っています。「あなたがたの名が天に書き記されていることを喜びなさい」（ルカによる福音書一〇・二〇）と。憐みの主、偉大な王、世の栄えある勝利者があなたをそのみ国の喜びに入らせてくださいますように。アーメン。

第Ⅶ章

第一項　きわめて有用な特殊な勧告

あなたが、奉仕活動において、名誉を損なうことなく安心して平静に行動しうるよう、あなたの地上の全行動を整えるため私はできる限りの助言を提供しました。これから私は、あなたの魂と体の二度目の母として、あなたが神のお助けのもとに魂による奉仕を完成させ日ごとにキリストにおいて生まれ変わるよう、勧告していくことにしましょう。

学者たちの言うところによりますと、ひとりの人間には二つの誕生が認められます。ひとつは肉による誕生で、もうひとつは霊による誕生です。しかし霊による誕生は、肉による誕生よりすぐれています。(1) 前者なしに、後者は人類に役立つことはできないからです。ふたつの誕生が見事に調和することについて、使徒はつぎのように言っています。「このふたつをもって私たちは生きるのであり、それらなしには生きることはできない」[2]と。たしかにこの文章の意味はここで言われているそれとは違いますが、しかし相違は認めた上で、私が使っている意味に受け取ってほしいのです。

第二項　第一の誕生において力強いものであれ

第一の誕生について言いますと、私たち一人ひとりは罪をもって生まれてくることを知らない人はいません。

これについて、ギリシア人の数え方がどのように役立つか、このあと概要をあげておきますので、それを学んでください[3]。それは、もっともすぐれた学者たちにふさわしい術であり、すべてのことをきわめて明らかにするものです。

第三項　第二の誕生については忍耐を勧める

第二の誕生は霊による誕生で、それについて福音書は「人は新たに生まれなければ……」（ヨハネによる福音書三・三）と言っています。また福音書は第一の誕生について「肉から生まれたものは肉である」（同上書三・六）と言い、第二の誕生については「霊から生まれたものは霊である」（同上書）と付け加えています。人はどのようにして、多くの人の第二の誕生の父となることができるのでしょうか、使徒のことばを聞いてください。かれは、「私の子どもたちよ、キリストがあなたがたのうちに形作られるまで、私はもう一度、あなたがたを産もうと苦しんでいる」（ガラテヤの信徒への手紙四・一九）と言い、また、「福音をとおして私はあなた方を産んだ」（コリントの信徒への手紙I、四・一五）と言っています。この第二の誕生に関する説明から見ると、多くの人が多様な仕方で他の人々の親になっています。若いケルススの母であった至福なるマルキアニッラのことを読んでみなさい[4]。また、聖シンフォリアヌスの母でオータンの市民であった至福なアウグスタについて書かれたものを読みなさい[5]。どのようにしてかの女たちは、同時に第一、第二の誕生をもってキリストにおける子どもたちの生母となったかを学びなさい。多くのものが、かつて、いま、つねに、「福音をとおして」、聖なる説教の教えをもってあるいは生活における善行の模範をもって、子どもたちを産み続けているのです。

第四項　第一と第二の死について(6)

第一の死は体の外への移行であり、それは、あるいは良い方へ、あるいはあってはならないことですが、悪い方への移行です。第二の死は魂の死として理解されています。死という語に含まれる意味は多様ですが、しかしこのふたつに尽きます。

第五項　第一の死は避けられない

詩編作者が言うように、第一の死はだれも避けることはできません。「生きている人で、死を見ないものがあるでしょうか」（詩編八八・四九）。そこには、だれもいない、という意味が込められています。実際、自分の子どもが目を閉じこの世を去ったとき、父親はつぎのように言っています。「これがすべての肉の歩む道である。私もかれに続いて去って行き、けっして戻ることはないであろう」(7)と。また他の人も、裁きの庭に立ち死の一歩手前にあって部下のものに言っています。「見よ、今日、私はこの世のすべてのものが辿るべき道を行こうとしている。私が口にすることばと話をよく聞け、私は主のみ名を呼ぶからである」（ヨシュア記二三・一四。箴言四・二〇、列王記上一八・二四参照）。

第六項　第二の死を避けるために戦え

しかし第二の死は、もしこれと戦うことを欲しまた適切に戦うならば、これを避けることができます。ある人はつぎのように言っています。「勝利を得るものは、けっして第二の死から害を受けることはなく」（ヨハネの黙示録二・一一）、むしろ「かれを私の神殿の柱にしよう。私はかれの上に私の名と新しいエルサレムの名を書き」（同上書三・一二）、「私はかれを私が管理する私の印章とする」（ハガイ書二・二四）。さらに、「かれには、神の楽園にある命の木の実を食べさせよう」（ヨハネの黙示録二・七）と。この世の混乱のなかで、こうした栄誉を得られるような戦いをした人は幸いです。かれは死を忘れ、聖人たちとともに、絶えず永遠の生命を享受することでしょう。したがって子よ、あなたはこうした人々と交わることができるように、私の勧告を聞き入れ、あなたの意志がキリストにおいて成長するにつれて、しばしば読み、しばしば祈らなければなりません。(8)

第Ⅷ章

第一項　熱心な読書と祈りの勧め

何を祈り、何を避け、何に用心し、何を追求し、あるいはすべてにおいて何を守るべきかは、聖なる読書をとおして見出すことができるでしょう[1]。そこで、すべてがあなたに明示されるでしょう。絶えず祈ることについて、使徒はこう言っています。「絶えず祈れ」（テサロニケの信徒への手紙Ⅰ、五・一七）、また、「あなたの瞳は休んではならない」（哀歌二・一八）と。いつも祈りを捧げなければならないのでしょうか、あるいはいつも目は叫ばなければならないのでしょうか。否です。その意味は、つぎのとおりです。この世においてあなたがする良いことは、それが何であれ、あなたに代わって絶えず主に祈るのです。もしあなたが自分あるいは他人の過失のために神のみ前において涙を流すならば、その時、あなたの目の瞳は主に向かって叫び、主に祈るのです。

これについて、私はつぎのように勧めます。読書をし、ふさわしい祈りを捧げるにあたって、あなたの魂は目覚めていて機敏で、つねに純真無垢であれということです。読み、祈れ、すべてを聞き入れてくださるお方が(2)あなたに耳を傾けてくださるように。

第二項　過去、現在、未来について(3)

過去、現在、未来のために祈りなさい。過去と言ったのは、もしあなたが怠慢であったとしたら、以後そのことを忘れるように、現在の悪についてはいつもそれを免れるように、未来の悪についてはあなたがそれを避け、けっしてつきまとわれないようにするためです。

第三項　教会のすべての位階にある人々のために祈れ

教会のすべての位階のために、できるだけ祈りなさい。

第四項　司教、司祭のために祈れ

まず、すべての司教、司祭のために祈りなさい。かれらが、あなたとすべての民衆のために聖にして純真な祈りを神のみ前に捧げることができますように。

第五項　王と王国の高位にある人々のために祈れ

王と王国の高位にあるすべての人のために祈りなさい。かれらが普遍的な教会の信仰をキリストにおいて堅持し、地上の王国を平和裡に治め、天の王国を勝ち取ることができますように。

第六項　主君のために祈れ

また主君のためにも祈りなさい(4)。神がかれによりいっそうの心身の力を与え、逆境をものともしないものにしてくださいますように。かれが幸運に恵まれ、知恵あるもの、思慮深く、栄誉に輝くものでありますように。すべての行動において、いつも喜びに満たされ、威信を保ちますように。またかれが、あなたの生気あふれる若さを、畏れと尊敬、賢明さと愛のうちに最高の状態にまで導いてくださいますように。

第七項　父親のために熱心に祈れ

あなたの父上については、しばしば熱心にかれのために祈り、またかれのために取り次いでくれるようすべての聖職者に求め、願うように勧めます。できることならば、(5) 神が全生涯にわたって、かれにすべての人と平和と一致を保たせてくださいますように。またかれの魂をすべてにわたって忍耐強いものにし、かれが現世における生涯を終えたあと、その償いの果実と寛大な施しをよみし、天のみ国に迎えてくださいますように。アーメン。

第八項　つぎにあげるすべての人のために祈れ

対立するもの、相争うもの、中傷し合うもののために祈らなければなりません。「あらゆる人知を超える神の平和がかれらの心と考えを守ってくださいますように」（フィリピの信徒への手紙四・七）、また、神がことばと行動においてかれらを一致させ、かれらがひとつの魂、ひとつの口をもって天において支配しておられる神を誉めたたえますように。アーメン。

旅路にある人々については、神がかれらに計画どおりの順調な旅を与えてくださいますように(6)、航海する人々に対しては、かれらが喜びのうちに救いの港に辿り着くことができますように。病弱な人々に対しては、神が魂の救いと体の治癒を恵み、苦痛の床から出た後は、教会において主をたたえ賛美することができますように。また苦悩する人々、苦難のうちにある人々、貧困に苦しむ人々、さまざまな窮乏に陥っている人々のため、あるいはここでは触れなかったその他の人々のために祈りなさい。そして、主のご受難の日である聖金曜日の祈願文を読みなさい(7)。あなたはそこにすべての人のためにどのような祈りを捧げるべきかを見出すことでしょう。

第九項　結論として、「また神の聖なる民全体のために祈れ」

実際、この祈願文のひとつには、種々の意向のあと、「神の聖なる民全体のために……」ということが言われています。

第十項　すべてのキリスト教徒の死者のために祈れ

また、他界したすべての信徒のために祈りなさい。憐れみ深いキリストがかれらを助け、かれらの魂をアブラハムの懐におき、(8)あとになって聖人たちとともに休息と憩いを与えられますように。死者のための犠牲として私たちが与える施しは、学者たちが言うように、(9)三つの形をとります。

第十一項　真の善人であった人々の場合

本当に善人であった人々のための施しは、感謝の祈りになります。(10)

第十二項　真の善人ではなかった人々の場合

本当に善人でなかった人々のための施しは、贖罪になります。(11)

第十三項　功徳を積まなかった人々の場合

本当に悪人で、功徳を積まなかった人々のためにも、施しをしなければなりません。なぜでしょうか。それは、施しがかれらの魂のためにならないとしても、他の人々つまりこれら貧者の功徳のおかげでかれらが少しの猶予を受け、それによってその苦しみが和らげられるからです。(12)しかし私たちは、神が捧げものを受け入れてくださるに足るだけの功徳がその人にあるかどうかを知ることはできないので、あってはならないことですが、聖なる三位一体への信仰から逸れた人々、[13] あるいは絶望に身を任せ最悪の仕方でその生涯を閉じた人々を除くすべての人のために与えるべきであり、また神の聖なる教会の忠実な役務者たちもその全部を受け入れるべきです。実際、神はすべての人の心と、ご自分の被造物の終わりとを知っておられるのです(詩編一〇二・一四参照)。

私たちはだれについても絶望してはならず、すべての人のために信頼をもって哀願すべきです。おそらく慈しみ深いお方は、裁きにおいてご自分の被造物を憐れんでくださいます。なぜなら使徒〔パウロ〕[14]は、信徒だけでなくほとんど信仰をもたなかった人々に対しても最大の同情を寄せ、つぎのように嘆いているからです。「以前に罪を犯した多くの人々が……悔い改めずにいることについて、私は嘆き悲しむことになるのではなかろうか」(コリントの信徒への手紙Ⅱ、一二・二一)など。私の考えでは、大洪水のまえに罪を犯し大洪水で死んだ人々、あるいは少なくとも律法のもとで罪を犯し償いを済ませるまえに苦い死を迎えた人々のためにも、嘆き悲しむべきです。そのことを使徒はつぎのように言っています。「律法のもとにあって罪を犯した人々は、律法によって裁かれる」（ローマの信徒への手紙二・一二）と。

みなのため、とくに洗礼の恵みを受け、何らかの罪を犯しながら死ぬ前に償いをしなかった人々のために、祈らなければなりません。かれらのために為しうることは、倍して嘆き悲しみ、熱心に祈る以外にありません。実際、古老が発した質問に答えて、ある霊はこう言っています。「律法をまだ知らず、またけっして洗礼の恵みも受けなかった私たちにとって、課される罰はやや堪え忍びやすい。それはあたかも『だれも私たちを雇わなかった』」（マタイによる福音書二〇・七参照）と言うようなものだから。これとは逆に、神の力を知り、洗礼の恵みとともに聖三位一体への信仰を受けながら、こうしたことを知ったあとも償いをすることなく日々を終えた人々には、私たち以上の苦悩がある」と。そこで、古老は尋ねました。「あなたの罰はどのような罰ですか」。声は、つぎのように答えました。「天と地との間に開きがあるのと同じ位、私たちの足の下と頭の上には火がある。私と私に似たものは、その中間にいる。私が先にあげた人々は、私たちの足の下、地獄のもっとも深い所にいて、すさまじいばかりの苦しみにさいなまれている」と。そこで古老は嘆き悲しみ、嗚咽しはじめました。「人間が神の掟を犯した日は呪われよ」と。そして、かれは去って行きました。(15)

子よ、これ以上、何か言うことがありましょうか。この宣告は恐るべきものです。私は、ダビデ王[16]が霊において自分が引き出されるのを見た淵とはこうしたものであると考えます。「あなたは、深い黄泉から私を救い出してくださった」（詩編八五・一三）。苦難のなかにあった金持ちもまた、ことば少なに、つぎのように言っています。「私には兄弟が五人います……」（ルカによる福音書一六・二八）と。もしだれかが罪を犯し改めていないなら、かれに何が起こるのでしょうか。福音書を読みなさい。「この男の手足を縛って外の暗闇に放り出せ」（マタイによる福音書二二・一三）などと書かれています。あなたがこのような宣告を聞くことのないように祈っています。そうならないためには、絶えず自分を改めなくてはなりません。

躓き倒れた人々が再び立ちあがるように、かれらのために祈らなければなりません。立っている人々については、かれらが倒れることのないように祈るべきです。使徒は、立っている人々についてこう言っています。「立っていると思うものは、倒れないように注意しなさい」（コリントの信徒への手紙Ｉ、一〇・一二）と。しかしなぜ、あなたに他人のことを話すのでしょう。私が望んでいるのは、あなたが自分のことに気を配ることです。あってはならないことですが、もしあなたが何らかの過ちを犯したならば、失望してはなりません。むしろ自分を改め、使徒がつぎのように伝えているお方に頼りなさい。「眠りについているものよ、起きよ。死者のなかから立ち上がれ、そうすれば、キリストはあなたを照らされる」（エフェソの信徒への手紙五・一四）。もしいと高きお方の恵みによって立ち上がったならば、あなたと関わりのある人々も立ち上がらせるように絶えず配慮しなさい。生者のために祈らなければなりません。私が死者について述べたように、生者がキリストにおいて復活するように、かれらのために祈らなければなりません。生者の取るべき態度は、自分が死ぬべき身であることを弁え、生命に戻るためには祈りが必要であることを自覚することです。使徒が知らないもののために泣いていたとするならば、親しい人々のためには、何をするべきでしょうか。

すべての人、とくにキリストの信仰を受け入れた人々のために祈らなければなりません。見知らぬ人々のためだけでなく、親しい人々つまり近い人、私たちの親族のなかでももっとも近い人のため、もっとも熱心に祈らなければなりません。私は、目指す目的に達することができるという希望をもってこう言うのです。私は死ぬはずのものですが、あなたがすべての死者のため、とくにあなたにこの世の生命を与えた人々のために祈るように勧めます。

第十四項　あなたの父親の亡き親族のために祈れ(16)

あなたの父親の親族のために祈りなさい。かれらは、正当な遺産として自分たちの財産を残してくれました。それがだれか、どのような名前の人であったかは、この小本の終わりに書き込んだ名簿で分かるでしょう。(17)聖書は、「その蓄えを享受するのは他人だ」（シラ書一四・四）と言っていますが、しかしかれらの遺産を受け継いだのは見知らぬ人ではなく、先に述べたように、それはあなたの主君にして父親であるベルナルドゥスです。

かれに残してくれた財産に相応する祈りを、所有していた人々のために捧げなさい。かれが生きている限り、それを大いに享受できるように祈りなさい。なぜなら、もしあなたが敬畏と服従とをもってかれに接するならば、このことによって、慈しみの神はあなたの意向に沿い、脆弱なかれの顕職を強め固めてくださることでしょう。(18)もし全能の神の慈しみにより、父上が前もって財産の一部をあなたに譲ると決定したならば、なおいっそう、その全体を所有した人々の魂の報いがいや増すよう、できる限り多くの祈りを捧げなければなりません。現在、かれは多くの用務に取り紛れ、今は自分で心行くまで祈る余裕はありません。しかしあなたは、力と余裕がある限り、かれらの魂のために熱心に祈らなければなりません。

第十五項　亡き領主テオドリクスのために祈れ

子よ、あなたはまた、私の手からあなたを受け取って再生の浴槽に運び、キリストにおける養子としたあのお方のためにも祈りを怠ってはなりません。[19] かれは、生前、領主テオドリクスと呼ばれていましたが、今は故人となられました。かれはすべてにわたって、可能な限り、あなたの教師、友人になってくれました。私たちは、かれはアブラハムの懐に抱かれていると信じています。[20] かれは、自分の長子としてあなたをこの世に残し、あなたが全面的に使用できるようにして、私たちの共通の主人にして主君であるお方〔ベルナルドゥス〕にすべての財産を遺贈しました。かれの罪の赦しのために、しばしば祈りなさい。とくに、他の多くの人々のなかでもたしかに善意のある人々とともに、夜課、朝課、晩課その他の時課において、かれが何か不正を犯し償いをすませていないことのために祈りなさい。できるだけ、善意のある人々とともに祈りなさい。またできるだけ聖なる司祭たちの祈りをとおして祈りなさい。またかれのために貧者に施しをし、ひんぱんに主に犠牲〔ミサ〕を捧げさせなさい。

あなたは、かれのために神のみ前に祈りを捧げるとき、つぎのような祈祷文を唱えなさい。「永遠の安息を……」、「かれの魂が善人たちとともにとどまらんことを」、「義人は永遠の記憶のなかにあるだろう」、その他、あなたがよく知っている祈祷文を唱えなさい。それらの祈祷文を唱えたあと、「主よ、あなたの僕テオドリクスの体と魂をアブラハム、イサク[21]、ヤコブ[22]の懐においてください。再臨の日に、あなたのご命令により聖人たち、選ばれた人々とともに、かれを復活させてくださいますように。私たちの主によって……」。

第十六項　すべての死者が平和のうちに憩うように祈れ

あなたは、かれだけでなくすべての信徒の死者のためにも、しばしばミサの犠牲を捧げさせなければなりません。こうした願いのためには、犠牲の奉献〔ミサ〕以上の祈りはないからです。きわめて勇敢であったユダ[23]については、つぎのように言われています。「死者のために祈り、かれらが罪から解かれるよう、かれらのために贖いの生贄を捧げるという考えは、聖なるものであり、敬虔なものであった」（マカバイ記Ⅱ、一二・四六）と。かれらが平和のうちに憩わんことを。アーメン。

第十七項　あなたのための特別な忠告

したがって子よ、私が勧告しかつ所望[24]したことを行いなさい。とくに、先にあげた正しく聖なる記憶のうちにあるお方の魂のために、それもあなたが為し得る限り行いなさい。その他のことについては、あなたの熱意を主とその全能のお力に託しなさい。あなたがこの世に生きている間、「神を祝し、いつもあなたの行く道を示してくださるように願い、あなたの考えがいつもかれとともにあるように」（トビト記四・二〇）しなさい。アブラハム、イサク、ヤコブ、モーセ[25]、レビの家[26]を祝福されたお方があなたのなかで救いの力を発揮し、あなたを上に述べた人々とともに、終わりなく続くみ国に与るにふさわしいものとしてくださいますように。アーメン。

第Ⅸ章

第一項　数え方について[1]

たしかに、この小著に含まれる知識の一部は、必要に応じて種々の著作から取られています。[2] しかし私は、あなたが一五の段階を上って、[3] 頂点に達するようにという思いを込めて、これらの書の証言をあなたの能力に合わせて書き留めようと努めました。私が望んでいることは、あなたがこれらの段階について熟考し、神のお恵みにより時が経つにつれてより高く上がっていくということです。

第二項　アダム（Adam）という語の字数とその意味(4)

五の三倍は一五で、一五の三倍は四五、それに一を加えると四六になります。これは、ギリシア人の数表示によると、アダム（Adam）という語の文字数の和です。実際、A（alfa）は東＝1を示し、D（delta）は西＝4を示し、第二のAは北＝1を示し、M（moida）は南＝40を示します(5)。

この世界の四つの部分に、アダムはその子どもたちをとおして広がっています。ところで、1＋4＋1＋（4×5×2）＝46です。この数は、エルサレムにある主の家を再建するのに要した四六年を示しています。実際、主は決められた日数が満たされることを望み、ユダヤ人たちにこう言われました。「この神殿を壊してみよ。三日で建て直してみせる」（ヨハネによる福音書二・一九）と。これに対してユダヤ人たちは言いました。「この家を建てるのに四六年もかかったのに、あなたは三日で建て直すのか」（同上書二・二〇）。「しかしイエスはご自分の体の神殿のことを言っていたのである」（同上書二・二一）。それは、「私があなたたちと同じ起源から引き出したものを受難によって壊せ。そうすればあなたたちは『見よ、人を』（同上書一九・五）ということばを聞くが、私は神の力をもって三日で再建するであろう」と言うのと同じです。この三日について、預言者ははるか以前に言っています。「二日のうちに主はわれわれを生かし、三日目に立ち上がらせてくださる」（ホセア書六・二）など。

第三項　一五の祝福があなたに下り、つねに留まるように

1＋2＋3＋4＝10となり、10＋20＋30＋40＝100、100＋200＋300＋400＝1000、1000＋2000＋3000＋4000＝10000、10000＋20000＋30000＋40000＝100000となります。こうしてさらに、100000＋200000＋300000＋400000は1000の1000倍という数に達します。

こうした数え方の各部分には、重大かつ完全な数が伴っています。[6] 1には、神と呼ばれるお方が認められます。預言者が言うように、「かれは偉大で、ただひとり、全地を超えて、いと高きもの」（詩編八二・一九）です。2には、新旧の契約あるいは二つの掟つまり神への愛と隣人への愛が示されています。3には、三位一体の完全さを示されています。救われるためにはこの三位

一体を固く信じなければなりません。４には、世界の四つの部分あるいは福音を全世界に伝えた四人の重要な人物が含まれています。５には、五人の賢い処女が認められます（マタイによる福音書二五、二参照）。そしてこの五は五感を示し、それは処女性の明るさ、貞潔の純白さによって二倍の数になります。

６には、世界の六つの時代[7]に通じる六つのかめ（ヨハネによる福音書二・六参照[8]）が示されています。そこには良いものとそれほど良くないものとが混在しています。あなたは読書をとおしてそれを見分け、ファレルノのよい酒を正しく選ぶようにしなさい[9]。７には、私が先にあげたこと、あるいは主の家を照らす七つの枝付き大燭台と七つのランプが認められます[10]。８には、洪水から救い出された八人（創世記七・一三参照）あるいは箱舟つまり教会において洗礼の水によって新しくされ、棕櫚の枝をもって八番目の至福の特権を受けることのできる人々が認められます（創世記六・一八参照[11]）。９には、確固不動のものとしてとどまった九つの位階が示されています[12]。１０については、私たちはみな聖なる教父たちのことばをもとに、回復すべき十番目の位階があると信じ告白しています[13]。これ以外にも種々の説明があります。

人祖をはじめ世の終わりまでに救われるはずのさいごのひとりまですべての人が集められるはずであり、その時、今しがた述べたように十番目の天使たちの位階が正しく再興されると、私たちは信じています。[14]この再興において、異邦人だけでなくイスラエルの子孫もまた救われるはずです。聖書にも、「異邦人全体が入るとき、その時、全イスラエルが救われる」[15]（ローマの信徒への手紙一一・二五—二六）と言われています。[16]この救いが今後、あなたの支えとなりますように。アーメン。

第四項　同じ主題について

子ウィルヘルムスよ、これらの数え方について、これ以上、説明する必要がありましょうか。10までのすべての数は、3本の指だけで数えます。100や1000までは、指の巧みな曲げ方によって示し、[17]1000の1000倍までの数は、人間の全面的な救いのために、体全体の種々の動作をもって示します。1000の1000倍の数は、すべての数のなかでもっとも完全な数だからです。[18]もしそうでなかったとすれば、知られているあの兄弟たちは、その姉妹につぎのような大げさなことばをかけなかったことでしょう。「あなたは私たちの妹であり、幾千万に増えていくように」（創世記二四・六〇）。もし女性においてそうであるならば、男性においてはどうなるでしょうか。

「全能の神」――私が説明したこれらすべての数え方は、かれにおいて完全に実現されています――が、聖なる太祖たちが子どもたちに対する勧告においてされたように、またヤコブのためにイサクとリベカ[19]が捧げた祈りにおいてされたように（同上書一八・三参照）、あなたを祝福してくださいますように。＋　アーメン。神があなたを真の美徳に進歩させ、発展させてくださいますように。アーメン。

第五項　同じ主題について

神が天の露と地の脂をあなたに豊かに注いでくださいますように（創世記二七・二八、三九参照）。アーメン。小麦、ぶどう畑、油その他の恵みが望みのままに与えられますように。神が、あなたを助け、あなたのすべての敵に対して力強い守護者でありますように。高貴な子よ、従者のために祈りを捧げていたある人に倣い[20]、私はあなたのそばにあって、つねに祈り続けましょう。

第六項　同じ主題について

「あなたが、都市において祝福されますように。野においても祝福されますように」（申命記二八・三[21]）。宮廷において祝福されますように。あなたの父親、またあなたの弟とともに祝福されますように。高位にあるもの、下々のものたちとともに祝福されますように。年長者、年少者たちとともに祝福されますように。純潔な人々、節制する人々、真面目な人々、注意深い人々とともに祝福されますように。またあなたの土地の作物が祝福されますように。「あなたの若さの始まりと終わりにおいて、祝福され」（同上書二八・六）、「年を重ね老年においても祝福されますように」（詩編七〇・一八）。またあなたが、人生と救いのための戦いをもって、1000を1000倍して続く魂の港に首尾よく辿り着くことができますように。アーメン。

第X章

第一項　あなたの一生を思って(1)

（1）あなたはいま、四歳の四倍を全うしました。

もし私の次男が同じような年齢に達していたならは、

私はかれのためにもう一巻の書を書いたことでしょう。

（2）もしあなたがこれまでの年齢を生き、さらにそれだけの年齢を生き、

さらにその半分の半分を生き(2)、私があなたに逢うことができたならば、

長い内容をもつ、より固い本を書くことでしょう。

（3）しかし私にとって別離の時は近づいており、

また、病苦が私の全身を苛むので、

あなたとあなたの弟に役立てるため、急いでこの書をまとめました[3]。
（4）私は、先に述べたその時まで生き延びえないと知っていますので、
あなたが、あたかも蜜を混ぜた甘美な飲み物であるかのように、
いつも、この食べ物を味わうように勧めます。
（5）私があなたの父上と結婚した日、
また私たちからあなたがこの世に生を受けた日は、
月の違う朔日ですが[4]、すべて私たちは知っています。
（6）実際、この小著は最初の行から
さいごの綴りまで、
すべて、あなたの救いを考えて書かれていることを知りなさい。
（7）そこで取り扱われていることを知るためには、
各章のはじめにあるまとめ（表題）を読みなさい。
それに続く内容をより容易に理解できるでしょう。
（8）先に書いた詩文、また後に書いたそれは、他のものもすべてそうですが、

あなたの魂と体に役立ててもらうため、私自身が口述したものです。

絶えず、口に出して読み、心に留めるようにしなさい。

第二項　あなたの名前の綴りをもとに作成された詩文(5)

(1)
力強く、勇気あるものであるためには、最愛の子よ、
あなたに向けて記した私のことばを
たゆまず読みなさい。

(2)
そこには、あなたの気に入りうることが容易に見出されることでしょう。

「神のみことばは生きている」(ヘブライ人への手紙四・一二)。それを探し求めなさい。

聖なる教えを入念に学びなさい。

そうすれば、あなたの魂は世々、
大きな喜びに満たされることでしょう。

(3)
力強く、無限にして、光と慈しみに溢れる王が、

すべてにわたって、子どもとして、
若者としてのあなたの魂を養ってくださいますように。
いつも、支え、守ってくださいますように。

（4）あなたは、魂を謙遜に、体を純潔に保ち、
求められるとおりに、熱心に仕えなさい。
できる限り、目上のものにも目下のものにも、
すべての人に礼儀正しくしなさい。

（5）心を尽くし魂を込めて、まず主なる神を畏れ愛し、
全力をそれに注ぎなさい。
つぎに、父上に対し、あらゆる手段を尽くして、
同じようにしなさい。

（6）栄えある民の血を引く高貴な家系のお方が、
先祖の誉れある偉業をいよいよ広めていくよう、
熱心にかれに仕えなさい。(6)

（7）宮廷の重立った人々を大切にしなさい。
目上の人を敬い、目下の人には腰を低くしなさい。
すぐれた人たちと交わり、傲慢なもの、
悪い人に与しないように気を付けなさい。

（8）真の正しい聖職者、
ふさわしい司教をつねに敬いなさい。
祭壇に仕える司祭たちに対し、
どこでも率直に手を差し伸べてあなたを委ねなさい。

（9）しばしば寡婦や孤児を助けなさい。
巡礼者には食べ物、飲み物を与え、
宿を提供しなさい。
裸の人には、手ずから衣服を着せなさい。

（10）裁きにおいては、正しく有能な裁き手として振舞いなさい。
けっして賄賂を受け取ってはなりません。(7)

だれも抑圧してはなりません。恵みを与えられるお方が、
あなたに報いてくださるでしょう。

(11) 寛大に与え、またつねに賢明で、注意深くありなさい。
人に親切に、すべての人と和合し、
心の底から喜びを示しなさい。
それがあなたの顔に表わされますように。

(12) 唯一の報酬者が事の是非を吟味し、
各自の業に従って報酬を与え、
最高の報酬である天の星を
かれのことばと行いに与えます。

(13) だからこそ、気高い子よ、
これほどの報酬を得るのに欠けるところがないよう、
あらゆる配慮を惜しんではなりません。
松脂の燃える炎から目を逸らしなさい。

(14) たしかに、生き生きと成長していくあなたの若さは、
四の四倍の年齢を数えてきましたが、(8)
年を重ねるにつれて、
あなたの若々しい肢体も老いていきます。

(15) 私があなたの姿を見ようと念じた時期は、
はるかに遠ざかったように思われます。
たとえその力があったとしても、
それに値するだけの功徳が私にはありません。

(16) あなたを形成されたお方のために、
あなたが心安らかに生き、
かれに仕える人々の聖なる集団とひとつになり、
人生を終えたあと、
至福のうちに復活させられますように。

(17) たしかに、私の魂は闇に包まれて生きていますが、

あなたがこの小著に書かれた内容を、
熱心に読み、
魂に刻み込むように勧めます。
(18) 以上の詩文は、神のお助けによって、
八年を二倍した年数を取り扱い、
みことばの待降節の月、一二月の初め、
聖アンドレアの祝日に書き終えました[9]。

詩の終わり

第三項　あなたの公的生活について

これで、この小著のことばは終わります。私は、あなたのための訓育の書として心を込めて以上のことを口述し、注意深く書き取らせました[10]。

あなたが神のお助けにより大人の年齢に達したならば、この家を正しく位置づけ、ふさわしく整えていくように望み、念じています。ある人について言われているように、あなたは「森においてもっとも柔らかい小虫のように」（サムエル記下二三・八）、公的な事柄においてすべてを秩序正しく、忠実に行いなさい。

私はその時まで生き延び、自分の目をもってそれを見ることができるでしょうか。私の功徳から見てまた体力から見ても、確信はまったくありません。私は苦悩と弱さのなかにあって動揺し、打ちひしがれています。しかし私がこうした状態にあるとはいえ、全能のお方にはすべてが可能です。人は自分が望むことをすべて為すことはできず、できることと言えば、神がそれをお望みになり可能にしてくださるよう願うだけです。聖書のことばによると、「これは人の意志や努力ではなく、神の憐れみにかかっている」（ローマの信徒への手紙九・一六）のです。したがって、私はかれに信頼して何も言わず、ただ「み旨が天において行われるとおり、地にも行われますように」（マカバイ記Ⅰ、三・六〇）とだけ申しましょう。アーメン。

第四項　私自身について、私は悲嘆に暮れている(11)

これほどまでに大きな私の愛のやさしさとあなたの美しさに対する願望から、私はほとんど自分自身のことを忘れていたようです。今、私は「戸を閉めて」（ヨハネによる福音書二〇・二六）、自分自身のなかに入ることにしましょう。しかし、もし私が先にあげた人々の数に加えられるにふさわしくないならば(12)、あなたはたえず私の魂の薬を祈り求め、他の多くの意向のなかにこれを加えるようにしてください。

あなたは、私の普段の病弱とある種の難から――「同胞からの難、異邦人からの難……」（コリントの信徒への手紙Ⅱ、一一・二六）などと使徒が言ったことに似せて言うなら――また、たしかに私の忍耐力の欠如から、病弱な私の体の痛みその他の病苦にどれほど苦しんだか、あなたはよく知っているはずです。神のお助けとあなたの父上ベルナルドゥスに支えられ、私はいわば安心してこれらすべての難から逃れてきましたが、しかし現在、私の魂はこうした〔難からの〕解放についてよくよく案じています。過去の私は、神を賛美することにおいてしばしば怠慢で、典礼の七つの時課をよく唱える代わりに、七を七倍するほど生ぬるい態度をとりました。そのため、私はへりくだった心で、全力をもって、私の罪科に対する主の憐れみを願うことに慰めを見出そうとしています。このように、重荷を負い打ち砕かれた私ではありますが、主が、私を天に昇らせてくださいますように。

あなたは、私がこの世に生存しているのを見る限り、心をこめて徹夜や祈りを捧げるだけでなく、貧者に対する施しをしっかりと実践するようにしなさい。それは、私が体の死をもって罪の絆から解放されるとき、情け深い裁き手のお情けによって全面的に受け入れられるに値するようになるためです。

今、私はあなたと他の人々の頻繁な祈りを必要としています。それは、私が考えているようにその時がごく早く来るならば、より一層、必要になるでしょう。私は将来自分に起こることを激しく怖れ、苦しみ、私の魂はあらゆる面でひどく動揺しています。どうすれば、私は最終的に解放されるのでしょうか。私の功徳はまったく頼りになりません。私は思いとことばにおいて罪を犯したからです。無用なことば自体、悪い行いと同じことです。それでも、私は絶望していません。またけっして絶望しないでしょう。しかしいつか私が立ち直るにしても、私には、あなたとあなたに似たようなものまたあなたに与する人々以外に、私の立場を擁護してくれる人はだれも残されていません。気高い子よ。

私は、夫にして主君であるベルナルドゥスの権益を守るため、マルシュ(13)その他多くの地方におけるかれに対する援助を減らさないために、またある人々の間に見られるように、かれがあなたと私から離れることのないよう(14)、多くの借金をしたことに気づいています。多くの需要にこたえるため、私はキリスト教徒だけでなくユダヤ人からも(15)、しばしば多額の借金をしました。できるだけ返済しましたが、今後も可能な限り返済し続けることでしょう。しかし私が死んだあと、支払うべきものが少しでも残っているならば、あなたにお願いしますが、注意深くだれが債権者か、確かめてください。はっきりしたならば、あるいは私の財産から――もし残っているならば――あるいはあなたが所有している財産、また神のお助けのもとにあなたが正しく獲得する財産から、それを支払ってください。

まだ、何か書き加えることがありましょうか。あなたがどのように弟に接していくべきか、かれに対してどのように振舞うべきかについては、先にあなたの注意を喚起し、またそれ以外にも指摘しました。(16) 私が求めることは、かれが大人の年齢に達したならば、かれもまた私のために祈ってほしいということです。今、私は、あたかもあなたたちふたりがともに居るかのように話していますが、ふたりとも、私のためにしばしば犠牲の捧げものとホスティアの奉献を捧げてくれるように懇願します。

私の贖い主が、お気に召すままに、私をこの世から呼び戻されるとき、私のために安息の場を準備してくださいますように。できることならば、あなたと他の人々のすぐれた祈りによって、神と呼ばれるお方が私を天国に移し、聖人たちの交わりのなかにおいてくださいますように。

以上で、ドゥオダの『手引書』は終わります。アーメン。神に感謝。

第五項　死者の名簿

先にあげた死者の名簿から洩れた人々の名を手短に記しておきましょう。(17) それは、ウィルヘルムス、[18] クングンディス、[19] ガリベルガ、[20] ヴィトブルギス、[21] テッデリクス、[22] ゴトゼルムス、[23] グアルナリウス、[24] ロトリンディス[25]です。

これら親族のうちあるものは、神のお恵みによりまだ存命中です。かれらを、いつ、ご自分のもとに呼び寄せるかは、かれらをお望みのままに創造されたお方にすべてかかっています。これらの人々のためにあなたが為すべきことは、子よ、詩編作者とともにつぎのように言うことではないでしょうか。「生きている私たちは、主をほめたたえよう。今も世々に至るまで」(詩編一一三・一八)。

もっぱら神の権能に属することですが、神のご命令により、あなたの一族のだれかが〔この世を〕去るならば、――あなたの叔父アリベルトゥスであっても同様ですが[26]――お願いです。あなたがまだ存命中ならば、右にあげた名簿のなかにその名を記入し、かれのために祈るようにしてください。

第六項　私の墓に刻んでほしい墓碑銘[27]

私もまた寿命を終わるとき、私の名を死者の名簿に書き加えなさい。あたかも、それが今であるかのような言い方をしますが、私が望みまた全力をあげて求めることは、私が埋葬される場所におかれる私の体を蔽う墓石に、以下に書き残す碑文を永続する形で刻ませることです。それは、この墓碑を見る人に、かくも不相応な私にふさわしい祈りを神に捧げてもらうためです。

あなたが手にしているこの『手引書』をいつか読んでくれる人に対しては、かれらが、ここに記されていることについて瞑想し、あたかも私がすでに埋葬されているかのように、私の罪の赦しを神に求めてくださるように願います。

読者よ、立ち止まって、墓碑に刻まれている詩文を読んでください。(28)

＋D＋M(29)＋

この墓のなかに、土から造られた
ドゥオダの体が横たわっています。

広大無辺の王よ、かの女を受け入れてください。

この土は、自分に属するまったく脆い泥を
自分のものとして包み込んでいます。
寛大な王よ、かの女を赦してください。

かの女には、腐敗に満ちた
墓の暗い深みしか残されていません。(30)
王よ、かの女をその過失から解放してください。

ここを行き来する、あらゆる年齢の男女の皆さん、
どうか唱えてください。
聖にして偉大なる神よ、かの女の鎖を外してください。

深い墓穴のなかでむごい死に捕らわれているかの女は、(31)
悪習にまみれた生涯を終えました。
　王よ、かの女の罪を赦してください。
あの邪悪な蛇がかの女の魂を奪い取ることのないように、
つぎの祈りを唱えてください。
　憐れみの神よ、かの女を助けてください。
これを読まずして立ち去る人のないように、
皆がつぎの祈りを捧げるように懇願します。
　優しき神よ、かの女に安息をお与えください。
〔かの女が〕聖人たちとともに、ついに永遠の光に照らされるように、
寛大な神よ、お命じください。

アーメンなるお方が、[32]死後のかの女を受け入れてくださいますように。

アルファ（Alfa）＋オメガ（omega）（ヨハネの黙示録二二・一三参照）

第XI章

第一項　詩編集の分類について(1)

私は先に、七つの時課を唱えるように勧めました。ここで、種々の意向に合わせてどのような詩編を唱えるべきか、神のお助けのもとに、その選択を手伝いましょう。

心を集中して詩編を唱えるとき、それは、全能の神が心に働きかける「道」を準備することになります。こうして神は、あるいは預言のなかに秘められた神秘の意味についてあるいは悔悛の恵みについて、熱心な魂を瞑想に導くのです。だからこそ聖書にも、「賛美のいけにえは、私を栄光に輝かすであろう……」(詩編四九・二三)と書かれています。このように、神への賛美のいけにえにおいて、イエスへの道が示されます。つまり詩編によって悔悛の念が広がるとき、イエスのもとに行く道が私たちの心のなかに開かれるのです。魂が目下のすべての事柄からできる限り解き放たれ、天上の神への霊的賛美に専念することはまったく正しいことであり、この滅ぶべき生活において、聖なる詩編の歌唱による賛美以上に私たちをより親密に神に結びつけうるものは何もありません。またいかなる人も、ことばや思考をもって詩編の効果を詳しく説明することはできません。

詩編を注意深く読みその霊的意味を深く探究することによって、あなたは、これらの詩編のなかに主のみことばの托身、受難、復活、昇天が歌われていることに気づくでしょう。

詩編を注意深く掘り下げていくとき、あなた自身では到底、想像することのできないほどの深い祈りをそこに発見するでしょう。

あなたは詩編のなかに、心からの罪の告白と、神と主の憐れみを受けるにふさわしい願いを見出すことでしょう。

また詩編のなかに、あなたに起こるすべてのことに対する深い感謝の祈りを見出すでしょう。

あなたは詩編のなかで自分の弱さと惨めさを告白し、それによって神の憐れみを得るでしょう。

実際、もしあなたが詩編の秘密を知るに値するものであるならば、あなたは詩編のなかにすべての徳を見出すでしょう。

もしあなたが犯した罪を告白し、それを償い、過失の赦しを願おうと望むなら、早口で唱えるのではなく、できるだけ心を込め、詩編の言葉を瞑想し深めつつ、つぎのダビデの七つの詩編を唱えるようにしなさい。(2)

その二つは、「主よ、あなたの怒りで……」(Domine ne in furore tuo…)(詩編六・二、三七・二)で始まり、

他の二つは、「主よ、聞いてください……」(Domine exaudi…)(一〇一・二、一四二・一)で始まり、

その他は「幸せな人々……」(Beati quorum…)(詩編三一・一)、「神よ、私を憐れんで下さい……」(Miserere mei, Deus secundum…)(五〇・三)、「深い淵の底から……」(De profundis…)(一二九・二)から始まります。

そうすれば、あなたはすぐに神の寛大さを見出すことでしょう。

もしあなたの魂が歓喜と霊的喜びで明るくなるのを望むならば、急いで、つぎのことばで始ま

る詩編を唱えなさい。
「主よ、私の正義に耳を傾け……」（Exaudi Domine, justititam meam…）（詩編一六・一）
「主よ、私はあなたに……上げた」（Ad te Domine, leuaui…）（二四・一）
「神よ、あなたのみ名において……」（Deus in nomine tuo…）（五三・三）
「神が私たちを憐れみ……」（Deus misereatur nostri…）（六六・二）
「神よ、私を助けてください……」（Deus in adjutorium meum…）（六九・二）
「主よ、私はあなたに依り頼みます……」（In te, Domine, speraui…）（三〇・二）
「主よ、私に耳を傾け……」（Inclina, Domine…）（八五・一）。
そうすれば、あなたは、まったき信頼のうちに、神の憐れみをすぐに得ることができるでしょう。
もしあなたが、全能の神とその威光をたたえ、またたとえわずかでも、はじめから人類に与えられたすべての恵みを知りたいと思うならば、アレルヤ（Alleluia）という表題のもとに、つぎのことばで始まる詩編を唱えなさい。
「主に感謝し……」（Confitemini Domino…）（詩編一〇四・一）

「主をほめたたえよ……」(Laudate Dominum...)（一四六・一）
「主をほめたたえよ……」(Laudate Dominum...)（一四八・一）
「わが魂よ、主をたたえよ……」(Benedic, anima mea, Dominum...)（一〇二・一あるいは一〇三・一）。

あなたは、これらの詩編をもって絶えず神をたたえ賛美することによって、蜜の菓子よりも甘い贈り物を全能の神に捧げることになるでしょう。

もしあなたが種々の苦難に取りつかれ、肉体的、精神的な誘惑に八方からなやまされ、しかも神から見放されたように思うとき――神はしばしば、一時的に聖人たちを試みるため放置することがありますが――また耐えがたいほどの誘惑を感じられるとき、心の奥底からつぎのことばで始まる詩編を唱えなさい。

「神よ、私の神よ、なぜ私を見捨てられたのか……」(Deus, Deus meus, respice...)（詩編二一・二）
「神よ、私の祈りに耳を傾けてください……」(Exaudi, Deus, deprecationem meam...)（六四・二）

「神よ、悩み訴える私の声を聞いてくださいⅰ……」(Exaudi, Deus, orationem meam cum deprecor...)(六三・二)

「主よ、私をお救いくださいⅰ……」(Saluum me fac...)(一一・二)

そうすれば、神はすぐにあなたを助け、今、苦しんでいる誘惑に耐えるだけの力を与えてくださるでしょう。

もし現在の生活に疲れ果て、あなたの魂が天の祖国について考え、激しい願望をもって全能の神を仰ぎ見ることに喜びを感じるならば、つぎの詩編を熱心に唱えなさい。

「……のように」(Quemadmodum...)(不明)

「万軍の主よ、どれほど愛されていることか」(Quam dilecta...)(詩編八三・二)

「神よ、私の神よ、私は日の出からあなたを捜し求めます」(Deus, Deus meus ad te de luce...)(六二・二)

そうすれば、寛大な神は、やがてあなたの魂を慰めてくれるでしょう。

もし苦難のなかにあって神から見捨てられたと思うならば、悔悛の心をもって、つぎの詩編を唱えなさい。

「神よ、いつまで……」（Usquequo, Deus...）（詩編一二・一）
「神よ、私たちはこの耳で……」（Deus, auribus nostris...）（四三・二）
「神よ、私を憐れんでください……」（Miserere mihi Domine...）（五四・二、五五・二）
「神よ、私の祈りを聞き入れ、私を避けないでください……」（Exaudi, Deus, orationem et ne despexeris...）（五四・二）
「主よ、私はあなたに希望を託します……」（In te, Domine, speraui...）（三〇・二）

そうすれば、すぐに神は苦悶のさ中にあるあなたを喜ばせてくださいます。

一旦、平和を取り戻し、順境にあるときは、賛美の歌としてつぎの詩編を唱えなさい。

「私は主をたたえ……」（Benedicam Dominum...）（詩編三三・二）
「私の魂よ、主をたたえよ、またすべてのものは……」（Benedic, anima mea, Domino et omnia...）（一九二・一）

「私の神よ、私の王よ、あなたをあがめ……」（Exaltabo te, Deus, meus rex...）（一四五・一）
またあなたは、順境にあっても逆境にあっても、いつも、三人の子どもの賛歌を唱えなさい[3]。いかなる人も、創造主をたたえるようすべての被造物に呼びかけるこの賛歌の力を説明することはできません。

もしあなたが、心の奥底から、神への賛美、天来の掟、規定に専念しようと思うならば、「汚れのない道を歩むものは……」（Beati immaculati in via...）（詩編一一八・一）を唱えなさい。あなたは、たとえ死に至るまでこの詩編の内容を観想し深めたとしても、けっしてそれを完全に把握することはできないでしょう。この詩編には、神の道、律法、神の掟、規定、神の正義、判断、ことばにふれていない詩句はまったくありません。したがって、様々な書をもってあなたの心を取り乱す必要はありません。

あなたは、生涯にわたって読むべきもの、瞑想すべきもの、学ぶべきものは、すべてこの「詩編集」一書に見出すでしょう。そこには、預言書、福音書、また部分的ではありますが、霊的、知的な仕方で使徒や聖人たちのすべての書が説明され、書かれています。またそこには、主の第一、第二の来臨が預言されています。またあなたは、主の托身、受難、復活、昇天、神のみことばの全内容も詩編のなかに見出すことでしょう。もしあなたが心から熱心に瞑想するならば、神のお恵みによって、その精髄を理解するようになるでしょう。

一連の七詩編を唱え終わったあと、賛歌「テデウム」（Te Deum）(4)と、「救いを望むものはだれでも」（Quicumque uult）(5)と呼ばれる信条などを省いてもよいと考えてはなりません。

さいごに、子ウィルヘルムスよ、詩編はこれほど豊富な内容を備えているのですから、あなたのため、あなたの父上のため、またすべての生者のため、親しい人々のため、さらにすべての死去した信徒のため、先にあげた記憶すべき人々のため、あるいはあなたが考える人々のため、熱心にこれらの詩編を唱えるように励まし勧めます。私の魂を癒すためにも、あなたが選ぶ詩編を唱えるのを怠らないように心掛けなさい。私にとってさいごの日、生涯の終末が来るとき、私が左に位置する不信心な人々とではなく、むしろ右に位置する信心深い善人たちの群に入り、天に運ばれますように。

しばしば、この小本に助けを求めなさい。あなたが、いつもキリストにおいて高貴で、強く、勇敢な子でありますように。＋

第二項　むすび

この本は、皇帝〔ルートヴィヒ敬虔王〕の死後二年目、八四一年の一一月三〇日、聖アンドレアの祝日、主の聖なる待降節のはじめに(6)書き始め、神のお助けのもとに、栄えある聖なる処女マリアの御潔めの祝日、(7)キリストの情け深い支配のもとに、神の指名による王の即位を期待しつつ書き終えました。(8)

読者よ、もしあなたが永遠の幸せのうちにキリストを仰ぎ見るに値するものとなりたいならば、先にあげたドゥオダのためにお祈りください。

ここで、神に感謝しつつ、ウィルヘルムスの『手引書』は、「成し遂げられた」（ヨハネによる福音書一九・三〇）という福音書のことばをもって終わります。

事 項 索 引

さ　行

た　行

な　行

は　行

ま・や　行

ら・わ　行

聖 書 索 引

旧 約 聖 書

新約聖書

訳　注

（以下の注は，P. Riché, Dhuoda, Manuel pour mon fils, Les editions du Cerf, Paris 1975に依拠した説明が多々あることをお断りすると同時に，この場を借りてP. Riche教授に厚くお礼を申し上げたい。）

AS	: Acta Sanctorum.
ASOSB	: Acta Sanctorum Ordinis Sancti Benedicti.
BHL	: Bibliotheca Hagiographica Latina.
CCL	: Corpus Christianorum. Series Latina.
CIL	: Corpus Inscriptionum Latinarum.
CSEL	: Corpus Scriptorum Ecclesiasticorum Latinorum.
MGH	: Monumenta Germaniae Historica.
── AA	: Auctores Antiquissimi.
── PAC	: Poetae latini Aevi Carolini.
── SRM	: Scriptorum Rerum Merovingicarum.
PL	: Patrologia Latina.
RB	: Revue Bibligue.
SC	: Sources Chrétinennes.

はじめに

1）　本書は「三つの部門から成り立つ」(in tribus uirgulis) と訳したが，この三部門は，普通の意味での，内容全体の明確な三区分ではない。たしかに本書を貫く基本概念として，規則 (norma)，模範 (forma)，手引書 (manualis, 正しい名詞の形は manuale) としての内容，あるいは私 (ego)，あなた (tu)，私からあなたへ (ad te a me) といった本書に直接に関係する者の立場，あるいはドゥオダの子ウィルヘルムスが果たすべき三つの義務，神に対して (第Ⅰ章から第Ⅱ章)，人に対して (第Ⅲ章)，そして自分自身について (第Ⅳ章以降) といった内容が考えられるが，しかしこれらの内容のどれをとっても，それぞれに関する説明は短く，しかも不釣り合いで，三区分などとは言えない。だたドゥオダは，数意学 (arithmologie) を重視する中世人としての考え方に立ち，先にあげた種々の三要素を念頭において執筆したことを言いたかったのではなかろうか。

2）　Gregorius Magnus, Moralia in Job, XI, 4, 7, PL 75, c.956 C では，手

は権力を表明するものとして理解されている。

3) ダニエル(Danihel)。旧約聖書中の人物。その語意は,「神は裁く」。義人として知られる伝説上の人物で,かれを主人公にして,シリア王アンティオコス・エピファネス4世(在位前175-163)の迫害に苦しむユダヤ人を激励するため『ダニエル書』が著わされた。それによると,かれはエホキア王第三年の最初の捕囚のときバビロンに移され,三人の友人とともに宮廷に仕えた。ユダヤ教の伝統を固守したため投獄されたが,神の計らいによって解放された。またかれが,その才知と預言の能力をもって王の夢を解読したことにより,王もダニエルの神を賛美するに至った。こうして,『ダニエル書』には,終末的世界の審判と神の国の決定的勝利とが告知されている。後出の第V章注(9)も参照。

4) ドゥオダは,二,三の教父たちの説明をもとに,-alis(正しい名詞の形では -ale)を接尾語として考えているが,そうした例はギリシア語やラテン語には見られず,おそらく,ドゥオダが知っていたゲルマン語の all(すべて),あるいは alt(古い)という語から考案しているのではなかろうか。

5) 本書第Ⅲ章第一一項参照。Cassianus も,「すべての学芸は,ある scopon つまり目標(destinatio)をもつ」と言っている(Col., I, 2, 1, CSEL 63, p.8 ; SC 42, p.79参照)。

6) 写本では senio とあるが,それはおそらく senium(高齢)であろう。これは,senio と書くこともあり,人の行為の終わり(finitio)の意味もあり,そこから,ドゥオダは達成,完遂という積極的な意味を見出したのであろう。

7) Prudentius, Cathemerinon, I, 1 (éd. Lavarenne, p.4):邦訳,家入敏光訳『日々の賛歌』創文社,昭和42年,29頁;Gregorius Turonensis, Vit. Patr. II, 4 参照。

8) ここには,キリストの十字架の上に書かれていたというヘブライ,ラテン,ギリシアの三つの言語が暗示されている(『ヨハネによる福音書』19, 20参照)。

9) 本書の著者ドゥオダについては,本書「訳者まえがき」と,P. Riché, Dhuoda, Manuel pour mon fils, p.17-27参照。かの女が貴族であることは,第Ⅰ章第五項,第Ⅲ章第四項などにも暗示されている。

ドゥオダの夫については,多くの歴史家も Bernardus de Septimania の名をもって,カロリング期の政争のなかでしばしば取り上げてい

る。本書「訳者まえがき」, Riché, Les carolingiens, Paris 1983, p.154, 163, 164, 160など参照。

10） ドゥオダが本書を送ったかの女の長男ウィルヘルムスについては，本書「訳者まえがき」, Riché, Dhuoda, Manuel pour mon fils, p.17-21 ; Idem, Les carolingiens, p.164, 190参照。

また，ドゥオダが本書を書いたのは，その次男のためでもあった。かの女は次男の名前を知らなかったが，もしかれが歴史において言われるBernardus Plantavelusであるとするならば(Richéはこの意見であるが)，かれは，父親のかつての領土の回復を狙い，他の諸侯と争いながらも，さいごは，王権に服しつつ生涯を終えた(886年)。その他のことについては，本書「訳者まえがき」, Riché, Dhuoda, Manuel pour mon fils, p.21 ; Idem, Les carolingiens, p.191, 201, 224参照。なお， Richéの見解に反対し，この次男は父親や兄の轍を踏み，悲劇的な最期を遂げたと解釈するものもいる（田花為雄『西洋教育史ノート』1，429頁参照)。こうした意見の相違は，Bernardusという人物の特定の困難さから来ている。Riché, Dhuoda, Manuel pour mon fils, p.21とそこにおける注(3)参照。

11） 似たような表現については，第X章第三項注(10)参照。書くこと(scribere)は，もともと著者がすることではなく，書記(scriptor)の仕事であった。

12） Eugenius Toletanus, Carmina, I, 2, MGH, AA, 14, 232参照。

13） 「功績と報酬」(Digna dignis meritis)という考え，表現はドゥオダの文中にしばしば出てくる(第Ⅳ章第四項その他参照)。それは，キリスト教的ラテン碑文にも出てくる(Diehl, Inscriptiones christianae latinae ueteres, 2032b, notae参照)。

14） ここでは，おそらく処女マリアを指す。しかしドゥオダは本書全体において，ほとんどかの女にはふれない。

15） 四徳は，正義，勇気，知識，節制である(第Ⅰ章第五項10頁参照)。

16） ラテン原文における各詩行の頭文字をつなぎ合わせると，DHUODA DILECTO FILIO WILHELMO SALUTEM LEGE（ドゥオダは愛する子ウィルヘルムスに挨拶を送ります。読みなさい)となる。この詩文については，A. Burger, Les vers, p.86-89参照。

まえがき

1） 聖職者が俗人のために書いた「手引書」(「鑑」)は多数あるが，俗

人，それも一母親が書いたそれは本書をおいて他に見当たらない。たしかに，のちカオールの司教となったDesideriusの母Herchenfredaが子どものために書いた教訓書めいた三通の書簡があるが，その内容，規模から見て，ドゥオダのそれの比ではない。Vita Desiderii, MGH, SRM, 4, p.569-570参照。

2) ここで言われているlusus tabulaeは，おそらく「サイコロ遊び」のことである（Isidorus, Orig., XVIII, 60, PL 82, c.660）。

3) つまりこの「手引書」は「鑑」（Speculum）である。Alcuinも，そのLiber de uirtutibus et uitiis, PL 100, c.613 C; Idem, Ep. 305, MGH, Epist., 4, p.464において，同様な見方をしている。

序　言

1) ルートヴィヒ敬虔王は，813年からカール大帝の共治者となり，814年には皇帝になっている。

2) この日付の解釈においては，Molinier, Le Manuel, p.113の意見に従った。

3) ここには，ルートヴィヒ敬虔王のむすこたちの造反が暗示されている。

4) ルドヴィクス敬虔王は，その治世の28年目，840年6月20日に死んだ。

5) ユゼス（Uzès）。南仏ニームの北約25キロに位置する。

6) このElefantusについては，何も分からない。

7) したがって，ドゥオダは次男の名前は知らず，これ以降の本文ルートヴィヒにおいてもその名前は書いていない。次男については，本書，「訳者まえがき」，iv-vi頁と「はじめに」の注（10）参照。

8) この「委託」（commendatio「托身」とも訳される。「臣従の誓い」をもって仕えること）は，フォントノアの戦（841年）のあと，行われた。この委託が従士としての教育のためであったか，あるいは人質であったかについては，Riché, op. cit., p.19-20参照。

9) 写本によっては，目次と本文の章立てとその内容とは合致していない。それはとにかく，こうした詳細にわたる目次の提示は，読む者にその内容を明示するとともに内容の検索を容易にするためで，ドゥオダが，本書を繰り返し読むように勧めていることと無関係ではない。本訳書の目次は，Richéが選択した写本のそれを取り入れ，さらにその位置は，読者の便宜を思い，煩雑さを避けるために現代

の書籍と同じにした。

第Ⅰ章

1） この「人間の弱さ」（humana fragilitas）という表現は，当時の文書にはしばしば見られ，ドゥオダも頻繁にこれを使用している。こうした表現は，中世における禁欲的人間観の主要な一側面を示している。Pérard, Recueil de plusieurs pièces curieuses servant à l'histoire de Bourgogne, Paris 1664, in-fol., no V, p.26 参照。

2） モーセ（Moyses）。旧約の人物。エジプトで奴隷状態にあったイスラエルの民を約束の地に向けて救出した民族的，宗教的指導者。かれはが多くの奇跡をもってエジプトから連れ出した民は砂漠に差し掛かったとき，神に対し不平をとなえ，砂漠で40年間さ迷い続けた。その途中，モーセは，民の遵守すべき規範として神からシナイ山で十戒を授けられ，これをもって，イスラエルの宗教的国家としての基礎を築いた。120歳で，約束の地への入国を目前に死去。『出エジプト記』第1章-40章，『申命記』第1章-34章参照。モーセの律法は，キリストの福音に対比するもので，その先駆，準備となっている。モーセの名は，新約聖書中に引用される旧約の人物のなかで，最多である。

3） アダム（Adam）。アダムは固有名詞ではなく普通名詞で，人を示す。『創世記』1，27によると，神が最初に創造した人。アダムは「土」と語呂合わせの語で，人は最後には土に返るはずのはかないものとして創られたことを示している。

4） Prudentius, Cathemerinon, II, 105-108（éd. Lavarenne, p.11）：邦訳，家入敏光訳『日々の賛歌』創文社，昭和42年，46頁参照。

5） こうした，一日，人生，世界の歴史との対比は，教父たちの著作にしばしば見られる。たとえば，Gregorius Magnus, Hom. in Euang., I, 19, PL 76, c.1155 B 参照。

6） パウロ（Paulus）。新約聖書の人物。キリストとほぼ同時代の，キリスト教最大の伝道者。小アジアのキリキア州タルソ生まれのユダヤ人。かれは「生まれつきローマの市民権をもち」，ヘレニズム文化を一通り身につけていたと思われる。当初，かれはユダヤ教を熱心に信奉し，キリスト教とをはげしく迫害したが，途中，キリストの啓示を受けて回心し（キリストの死から2, 3年後），逆に，キリスト教の熱心な伝道者となった。小アジアに伝道し，また多くの手紙

をもって改宗者を指導した。これらの文書は，初期キリスト教を知る上で重要な文書であるだけでなく，キリスト教神学の形成とその後の発展に重大な影響を与えた。かれの伝道活動は同胞ユダヤ人の反感を買い，そのかどで捕えられ皇帝に直訴してローマに送られ，60年前後にそこで処刑されたと考えられる。かれの活動は，『使徒言行録』，またかれが各地の教会にあてた十数通の手紙（新約聖書）によって知りうる。

7）　ここで言われている学者は，おそらくアウグスティヌスのことであろう。Augustinus, Tract. in Ioh. XXIX, 4, CCL 36, p.286, 16参照。不明であるが，こうした四文字語（たとえばドゥオダが用いるDEUS）については，Hieronymus, Ep. XXV, éd. J. Labourt, II, p.14 ; Augustinus, Quaest. in Heptat., II, 120, PL 34, c.638参照。

8）　1から5までの数の意味については，Isidorus, Liber Numerorum, II-VI, PL 83, c.179-184参照。また，初期中世における数意学については，J. Fontaine, S. Isidore de Séville et la culture classique dans l'Espagne Wisigothique, I, p.369s 参照。なお，かれは，V. H. Hopper, Medieval number symbolism, its sources, meaning and influence on thought and expression, N.Y. 1938 ; U. Grossman, Studien z. Zahlensymbolik des Frühmittelalter, Freiburg in Br. 1948をあげている。その後の研究としては，B. Taeger, Zahlensymbolik im Frühmittelalter, München 1970がある。

9）　この表現は，偽アタナシウスの信条，Quicumqueのなかの一表現である。Denzinger-Schönmetzer, Enchiridion Symbolorum, Definitionum et Declarationum de rebus fidei et morum, no. 75, ed. XXXIII, p.41：浜寛五郎訳『カトリック教会文書資料集』エンデルレ書店，昭和57年，18-19頁。

10）　この詩文は，Prudentius, Cathemerinon, IX, 13-15（éd. Lavarenne, p.50）: 家入訳，121-122頁から取られている。

11）　ネブカドネツァル（Nabugodonosor）。ハムラビ時代に匹敵する黄金時代を創出した新バビロンの王（位605-562）。ダビデ家の王国を滅ぼし，ユダヤ民族を捕囚としてバビロンに連れ去った（『ダニエル書』第1-5章；『列王記下』第24-25章；『エレミヤ書』第39-52章参照）。

12）　ダニエル，本書「はじめに」注（3）参照。

13）　こうした「不可能事の連鎖」（adynaton impossibile）は，中世の他

の作品と同じく，ドゥオダのそれにもしばしば見受けられる。これは，古典的な手法である。E. Dutoit, Le thème de l'adynaton dans la poésie antique, Fribourg 1936 ; E. R. Curtius, Europäische Literatur und lateinisches Mitttelalter, Bern (Francke) 1954 : 邦訳，南大路・岸本・中村訳『ヨーロッパ文学とラテン中世』みすず書房，1975年，132頁参照。

14）　ドゥオダはここで，教父たちの書に見られる古典的な主題を取り上げている。Gregorius Magnus, Moral. II, 12, 20, PL 75, c.565 C ; Id., Hom. in Ez., II, 5, 11, PL 76, c.991B ; Isidorus, Sent., I, 2, 3, PL 83, c. 541; Alcuin, De fide S. Trinitatis, II, 4, PL 101, c.25 D 参照。ただし，教父たちはこの主題を神学的視点から取り扱うのに対し，ドゥオダはむしろ道徳的視点から取り扱っている。

15）　これは，ドゥオダの次男ベルナルドゥスのことである。

16）　Passio S. Symphoriani, 11 (BHL 7967) ; AS, Aug., IV, 497. 聖シンフォリアヌスについては，第Ⅶ章注 (5) 参照。

第Ⅱ章

1）　ドゥオダはおそらく，8世紀のスペインのマルシュ地方に広まっていた三位一体の信仰に対する誤解から，ウィルヘルムスの信仰を守ろうとしているのであろう。また，かつてカール大帝とアルクインが東方教会と争った聖霊の発出 (filioque) の問題も念頭にあったと考えられる。第Ⅷ章注 (13) 参照。

2）　ドゥオダはここで，Augustinus, De ciu. Dei, XVI, 29, CSEL 40, 178 および Gregorius Magnus, Hom. in Euang., I, 18, PL 76, c.1152 A B における説明を取り上げている。

3）　Hilarius, De Trinitate, IV, 25, PL 10, c. 115 ; Ambrosius, De Fide, I, 13, 80, PL 16, 547 B 参照。また，9世紀の賛歌 Anal. Hymnica, LI, p.17も参照。

4）　Gregorius Magnus は，Moralia in Job, XXIX, 31, 72, PL 76, 516 B において，『詩編』，66, 7, 8をこのように註解している。

5）　パウロ (Paulus)。第Ⅰ章注 (6) 参照。

6）　これは，「偽アタナシウスの信条」Quicumque の一文である。第Ⅰ章注 (9) 参照。

7）　Isidorus, Orig., VIII, 2, 6, PL 82, c.296参照。

8）　これについては，Benedictus, Reg. XX : SC 182, p.536ss 参照。古田

暁訳『聖ベネディクトの戒律』すえもりブックス，2000年，112-113頁；Fleury の Ordo orationis (PL101, c.1412-1413, また Precum libelli quatuor aeui Karolini, ed. A. Wilmart, Roma 1940, p.34, 38 も参照。最近では，Analecta liturgica (Studi e Testi 273), Bibl. Apost. Vatic. 1974 において，種々の Precum libelli について，dom P. Salmon が発表した "IV, Libelli precum du viiie au xii sièle", p.121-194 も参照。

9) Isidorus, Orig., I, 5, 3, PL 82, c.81参照。

10) Benedictus, Reg. VII, 51 ; SC 181, p.486 : 古田訳，上掲書，62頁参照。

11) Ibid., LII；SC 181, p.610 : 古田訳，上掲書，52頁参照。

12) Libellus precum, PL 101, c.1401C, 1406 B 参照。

13) Ibid., 1404 A 参照。

14) Fortunatus, Carm. App., MGH, AA, 4, 1, p.381参照。

15) Precum libelli quatuor aeui Karolini, ed. A. Wilmart, Roma 1940, p.55 ; Liber antihphonarii, PL 78, c. 679 B ; B. Bischoff, "Ursprung u. Gesch. eines Kreuzsegens", Volk, u.Volkstum, I (1936), 225-231 (この論文は，Mittelalterliches Studien, II, p.275-284 に再録されている) 参照。

16) ヘルモン (Ermon)。「聖なる山」の意。パレスティナ北部の秀峰。万年雪があり，ヨルダン川の源流となっている。

17) シオン (Sion)。エルサレムの丘の名。古代ユダヤの神殿があった。この地名は，時を経るにつれて，エルサレムの町全体，ヤーウェの都，ユダヤの神政政体，天における神の都などの象徴ともなっていく。

18) アロン (Aaron)。第Ⅳ章注 (53) 参照。モーセの兄で，最初の大祭司。出エジプトに際して，口の重いモーセの代弁者として活躍 (『出エジプト記』第6-10章，第28，32章など参照)。

19) ナザレ (Nazareth)。ガリラヤの町の名。イエスはそこで30歳頃まで過ごしたので，こう呼ばれた (『ルカによる福音書』，第2-3章参照)。

20) ここでドゥオダは，日常の七つの祈りを考えているようである。その例は，dom Wilmart, op.cit., p.25, 34 にあるような，Precum libelli に含まれている。さらに，「定時課」(horae canonicae) という表現については，Benedict., Reg., LXVII : 古田訳，上掲書，280頁；Alcuin, Ep., 304, MGH, Epist. 4, p.462参照。(ここで Alcuin は，聖務

日課書をカール大帝（あるいはその子）に贈っている。

第Ⅲ章

1）　ここでドゥオダは『シラ書』をソロモンの書としているが，これは誤りである。『シラ書』は，シラの子イエススという人物が，前2世紀頃，著わしたもの（『シラ書』序言，参照）。著者は，律法の書と預言者の書をもとに，イスラエルが，当時のセレウコス朝によるヘレニズム化政策に抗しユダヤの律法に一層即した生活を送るための「教訓と知恵の書」として書いている。

ソロモン（Solomon）。旧約聖書中の人物。イスラエル第三代の王（在位前961-922）。ダビデ王の末子。王位継承後は父王の事業の完成に熱心であったが，のち近隣の異教徒の女性とその風習を取り入れ，王国の分裂と衰退を招来した。かれは「知恵者」として近隣の国々に知られ，知恵文学の父とされ箴言や詩編の作者とされているが，かれの偽書とされるものもある（『列王記上』第11章；『歴代誌下』第1-9章参照）。

2）　これは明らかに，ルートヴィヒ敬虔王に対するむすこたちの謀反を指している。Rabanus Maurus は，同じことを念頭において，834年，Liber de reuerentia filiorum erga patres et erga reges, MGH, Epist. 5, p.403-405を書いたが，かれはそのなかで，ドゥオダと同じく，多くの例を聖書と教父たちの著作から引いている。

3）　エリ（Heli）。旧約聖書中の人物。エリは士師のひとりで，シロの祭司。かれは，神が預言者サムエルを通して，むすこたちが神へのささげものを私している罪を咎めたにもかかわらず，「神よりもむすこたちを大事にした」ため，ペリシテ軍に攻められ，ふたりのむすこは討ち死にし，保管していた神の箱は奪われ，かれ自身，首を折って死んだ（『サムエル記上』第1-4章参照）。むすこたちに対するエリの甘やかしは，教父たちが不従順を取り扱う際の古典的な事例となっている。P. Riché, Education et culture dans l'Occident barbare: 邦訳，岩村清太訳『中世における教育・文化』東洋館出版社，1988年，464-465頁参照。

4）　アブサロム（Absalom）。旧約聖書中の人物。かれは，父ダビデ王（在位前1000-961）から王位を奪おうとしてこれと戦い，逃げる途中，自慢の髪の毛を樫の木の枝に引っ掛けて宙づりになり，ダビデ軍の兵士（ヨアブ）に槍で貫かれて惨死した（『サムエル記下』第15-

18章参照)。

5) Benedict., Reg. XXXIV, 5 ; SC 182, p.564 : 邦訳, 古田訳『聖ベネディクトの戒律』145頁参照。

6) Ibid., Prol., I, SC 181, p.412, 古田訳, 3頁参照。

7) ノア (Noe)。洪水物語の主人公。神は, 罪にまみれた人類を滅ぼし, 義人ノアを新しい人類の祖にしようとして, かれに箱舟を造らせ, これをもってかれを救った。ノアは, 洪水のあとぶどうを栽培し, ある日それを飲んで泥酔し, 裸になって寝込んだ。それを見たハムは父の裸を話の種にしたが, セムとヤフェトはノアに着物をかけた。ノアは, この顚末を知ってセムとヤフェトを祝福し神の恵みを祈ったが, ハムはふたりの奴隷になると預言した (『創世記』第6-9章参照)。

8) イサク (Ysach)。旧約聖書中の人物。父アブラハムが100歳, 母サラが90歳のときに神から約束された子ども (『創世記』第1章参照)。イサクの嫁探しに送られたアブラハムの僕は, 主人の命に忠実に従い, 神のお助けのもとに, リベカを嫁として探し当てて連れ帰り, このイサクとリベカからヤコブが生まれ, イスラエルが発展した (『創世記』第21-26章参照)。新約聖書では, パウロはイサクを「約束の子」として取り上げ, 新しいイスラエルとしてのキリスト教徒をかれになぞらえている (『ガラテヤの信徒への手紙』4, 21-31参照)。

9) Hieronymus (Hebr. nom., CC 72, p.67) と Gregorius Magnus (Moral., IX, 66, 105, PL 75, c.918 B) は, このような解釈をしている。

10) ヤコブ (Iacob)。旧約聖書中の人物。イサクの子, のちにイスラエルと改名。かれは, 詭計をめぐらして兄エサウの長子権を奪い, それに怒った兄と別れて他国に移り, 多くの富と12人の子どもをもうけ, この子どもたちがイスラエルの12部族の祖となった。またヤコブは, 神からカナンの地を約束された (『創世記』25, 19-35, 第42-50章参照)。

11) イスラエル (Israel)。神からヤコブに与えられた名前。その後, ヤコブの12人の子どもから成立していったユダヤ人全体を意味するようになる。

12) ヨセフ (Ioseph)。ヤコブの子。父に偏愛され, そのため兄弟たちに妬まれて奴隷としてエジプト人に売られた。かれは主人に忠実に仕え, その妻の誘惑を退け, 夢判断の力を神から授かり, その賢

さを認めたファラオに重く用いられ，エジプトの大臣に挙げられた。そして故国で飢饉に苦しむ兄弟たちと父親一家をエジプトに呼び寄せ，こうしてイスラエルの民を救った（『創世記』第37-50章参照）。

13）　カール禿頭王のこと。西フランク王（位840-877），西ローマ皇帝（875-877）。カロリング王国の王位継承の内紛に中心的位置を占め，最終的には，王国の統一を成し遂げた。ドゥオダの子ウィルヘルムスが仕えたのは，かれである。

14）　アブラハム（Abraham）。イスラエル民族の祖。カルデアのウル出身であるが，唯一の神を信じ，その導きに従ってパレスティナに移り住んだ。神もかれの信仰に応えて子孫の繁栄と土地の授与を約束した。アブラハムの生涯は唯一の神への信仰と，神の約束への絶対的信頼に貫かれ（『創世記』12, 1-25, 19参照），その一例は，最愛の子イサクを生贄として捧げようとしたことである（『創世記』第22章）。そのため，新約聖書では「信仰の父」と呼ばれている（『ヘブライ人への手紙』第11章,『ローマの信徒への手紙』第4章など参照）。

15）　ヨアブ（Joab）。ダビデ軍の長で，ダビデ王国の建設に主要な役割を果たした（『サムエル記下』第2，3，8，10，12，19章参照）。

16）　アブネル（Abner）。サウル軍の長で（『サムエル記上』第14，17章参照），ダビデ軍のヨアブに敗れ，ダビデと結んだ。しかしヨアブはその兄弟の仇を討つため，アブネルを騙し討ちにした。ダビデはアブネルの死を悼み，ソロモンに仇打ちを命じた（『列王記上』第2章参照）。

17）　ダビデ（Dauid）。イスラエル統一王国の第二代の王（在位前1000-961年）。かれはイスラエル初代の王サウルに仕えたが，その武勇と人気を王に妬まれ，王の子どもヨナタンの友情によって王の手から逃れた。サウル王が戦死したあと，ユダの王，のち全イスラエルの王となり，広大な王国を建設し，エルサレムを首都，「ダビデの町」とし，政治，宗教の中心とした。部下（ウリア）の妻バテシバとの不倫の結果，その子アブサロムに反抗され，父子間の紛争が起こり，アブサロムが惨死したあと，バテシバの子ソロモンを後継者とした（『列王記上』第1-2章；第16-31章；『サムエル記下』第1-24章参照）。

18）　聖書のこのことばは，8, 9世紀には，しばしば注目され注解され

ている。Ps-Cyprianus, De duodecim abusiuis saeculi, 6, PL 4, c.954 B ; Jonas Arausicanus, De institutione regia, VIII, éd. Reviron, Paris 1930, p.158 ; 邦訳，三上茂訳「王の教育について」，『中世思想原典集成』6，平凡社，1992年，319-377頁。

19）「教父たち」(paptres) と訳したが，おそらくドゥオダは本章第一，二，三項において例として取り上げた旧約の太祖たちの生涯を考えているのであろう。

20）ウィルヘルムのような有力者による奉仕には，助言 (consilium) と軍務 (militia) があった。とくにカロリング期においては，カール大帝自身，助言を重視したが，しかしかれほどの個性のないその後継者は臣下の助言に振り回され，カロリング朝の混乱の原因を作った。ドゥオダが，本章第五，六，七項にわたって，とくに助言を取り上げたわけはここにあると思われる。

21）使徒ヤコブ (Iacobus Apostolus)。新約聖書中の人物。イエスの兄弟と呼ばれている（『マルコによる福音書』6, 3 ;『マタイによる福音書』13, 55 ;『ガラテヤの信徒への手紙』1, 19, 29参照）。当初，イエスの活動を抑制する態度をとったが，イエスの復活に接してかれを信じ，教えの伝道に熱心であった。かれは，エルサレム教会ではとくにユダヤ教からの回心者に対しペトロと並び立つ有力な指導者となり（『ガラテヤの信徒への手紙』1，18以下参照），使徒教令の起草者となり（『使徒言行録』15，19-29参照），また『ヤコブの手紙』の著者とも考えられている。

22）サムエル (Samuhel)。イスラエルの指導者で預言者。かれは「生涯，イスラエルのために裁きを行った」（『サムエル記上』7，15）。サムエルは民の声を聞いてサウルをイスラエルの初代王にし，サウルが神に背くのを見て，ダビデを次代の王に立てた（同上書第9，16章参照）。

23）ダニエル。本書「はじめに」注 (3) 参照。

24）Benedict. Reg., LXIII, 6, SC 182, p.644 : 邦訳，古田訳『聖ベネディクトの戒律』258頁参照。子どもの再発見については，P. Riché, Education et culture, p.504-505 : 邦訳『中世における教育・文化』東洋館出版社，1988年，467-498頁参照。

25）上掲注 (12) 参照。

26）第I章注 (11) 参照。

27）ベルシャツァル (Belshazzar)。バビロン帝国最後の王（『ダニエ

ル書』第5章参照)。

28) ダレイオス(Darius)。メディア人で,『ダニエル書』(第6章)だけに出てくるバビロン王。

29) 第Ⅰ章注(2)参照。

30) アキオル(Achior)。アンモン人の指揮官で,アッシリア軍の総司令官ホロフェルネスの助言者(『ユディト記』第5章参照)。のちホロフェルネスから追放されてユダヤ人に降り,かれらに味方してその勝利に貢献した。

31) ホロフェルネス(Holophernes)。アッシリア王ネブカドネツァルの将軍(第Ⅰ章注(10)参照)。ユダヤ人と戦い,寡婦ユディトに騙されて泥酔したところを襲われて殺害され,ユダヤ人は難を逃れた(『ユディト記』第1-14章参照)。

32) ここで,ドゥオダはおそらく,Isidorus, Synon., II, 44, PL 83, c.355CD(イシドルスは悪い助言者について述べる)を暗示している。ドゥオダはその他にも,本章第七項,第Ⅳ章第一項でも Synonyma を利用している。

33) カナアン(Canaan)。パレスティナの古代名称のひとつ。神がアブラハムとその子孫に約束された土地(『出エジプト記』第6章参照)。かれらがそれを実際に占領したのは,ヨシュアによってである(『サムエル記上』第13章参照)。

34) イスラエル。本章注(11)参照。

35) ドゥオダはこのほか,第Ⅲ章第一〇項でも,commilito という語を用いている。この語は,古代の軍隊用語であり(W. Heraeus, Die römische Soldatensprache, Arch. F. latein. Lexic. U. Gram. XII, 1902, p.275),これまで,10-11世紀にはじめて出現したと考えられていた(J. F. Niermeyer, Mediae Latinitatis Lexicon Minus, Leiden 1956, col.217参照)。

36) Isidorus, Synon., II, 43, PL 83, c.355 C 参照。

37) Ibid., II, 37, c. 854 A 参照。

38) アヒトフェル(Aphithophel)。旧約聖書中の人物。ダビデの助言者。アブサロムの乱に加わりダビデ暗殺を主張したが入れられず,自殺した(『サムエル記下』第15,17章参照)。

39) ハマン(Haman)。ペルシア王アハシュロスの宰相。ユダヤ人モルデカイが自分の権威になびかないのをみて,帝國内のユダヤ人全部の殺戮を図ったが,王妃エステルの計らいにより,むしろかれ自

身が王の怒りを買い，モルデカイの処刑のために準備した木に架けられて死んだ（『エステル記』第3，7章；『列王記下』第21章参照）。

40） ドエグ（Doeg）。サウル王の家臣のひとり。ダビデの逃亡先をサウルに告げた（『サムエル記上』22，9参照）。

41） モルデカイ（Mordecai）。ペルシア王に仕えたユダヤ人。王妃エステル（ユダヤ人）を介して，王の暗殺を告発して王を救い，またユダヤ人殺しを図るハマンを刑死させ，ユダヤ人を救った（『エステル記』第2，10章参照）。

42） アブサロム。上掲注（4）参照。

43） この文章そのものの出典は不明。その他，『エステル記』2，21-23；3，1-15参照。9世紀には，『エステル記』はよく利用されているが，ドゥオダがこのモルデカイのことばをどこから取りだしたのか，不明である。

44） サウル（Saul）。イスラエル初代の王（在位前1020-1000頃）。周辺の諸部族に勝ってその圧迫からかれらを救い，王国の確立に貢献したが，自分の臣下ダビデの人望を妬み，狂暴になり，祭司に見放され，のちペリシテ人に敗れ，3人のむすこを失って自殺し，王位はダビデに移った（『サムエル記上』第9章以下参照）。

45） ヨナタン（Jonathan）。サウル王の長子。真の人格者で，ダビデとの友情は特記するに値する。ペリシテ人との戦いで戦死（『サムエル記上』第18-20章；『サムエル記下』1，17以下参照）。

46） ダビデ。上掲注（17）参照。

47） 『列王記』（Liber Regnorum（あるいはRegum）の読書は，黒髪のエルモルドもピピンに勧めている（éd. Faral, Paris 1932, p.226参照）。

48） これはカール禿頭王のこと。こうした表現は，かれが他の兄弟たちとの相続争いの渦中にあったことを暗示している。

49） アブラハム。上掲注（14）参照。

50） イサク。上掲注（8）参照。

51） ヤコブ。上掲注（10）参照。

52） これは，ルートヴィヒ敬虔王のむすこたちの謀反を暗示している。

53） 「詩人」とあるが，実は，4世紀のラテン文法教師 Aelius Donatus のことである。かれの『小文典』（Ars Minor）と『大文典』（Ars Major）は，中世における文法教授の中心的教科書として広く重用された。ドナトゥスはまた，テレンティウス，ヴェルギリウスの注釈を著わ

している。ドゥオダのラテン語の知識については，P. Riché, Dhuoda, Manuel pour mon fils, p.38-45とそこに挙げてある注を参照のこと。

54） Donatus, Ars Minor, ed. Keil, IV, p.360, 3 : amo te et amor a te, osculor te et osculor a te. この例文の後半は Alcuin, Grammat., PL 101, c.875A にも引用されている。

55） Donatus, Ars Major, ibid., p.381, 1 :

"Ego, mei uel mis, mihi, me, a me.

"llos, illorum et illis, o, ab illis"

Vergilius Grammaticus, Epitome, VI, éd. Tardi, p.80には mis の語形について説明がある。Alcuin, Grammat., PL 101, c.870 A も参照。

56） 鹿の渡河の際の行動については，August. Enn. in Ps 41, 2-4, PL 36, c.466のほかに，Gregorius Magnus, Moral., XXX, 10, 36, PL 76, c.543にも見られる。

57） 鹿の話は，実はPlinus, Hist. nat., Ⅷ, 14から来ている。

58） アダム（Adam）。第Ⅰ章注（3）参照。

59） エバ（Eva）。旧約聖書によると人類最初の女。アダムの妻。蛇（悪魔）の誘惑に負けて禁断の木の実を食べ，夫にも食べさせ，その罰として楽園から追放され，産みの苦しみを与えられた（『創世記』第2-3章；『コリントの信徒への手紙Ⅱ』11，3；『テモテへの手紙Ⅱ』2，13-15参照）。

60） 詩のこの部分の作者の確定は困難である。ドゥオダは他の個所では，それを Prudentius のものとしているが，しかし詩全体としてはかれのものではない。ただ，似たような詩行は部分的ではあるが，Aldehelm, MGH, AA, 15, p.235 ; Ps-Ambrosius, PL 17, c.1173, v.32 ; Paschasius Radbertus, In Matth., PL 120, c.511A などに見られる。なお，第四行の詩文の読解については，Traube と Huemer の読み方もある。MGH, PAC, 4, 2, 1, p.714参照。

61） Rationis capax（理性を利用しうる）という表現は，Claudianus Mamertus, De statu animae, I, 23, CSEL, 11, p.82参照。

62） Prudentius, Cathemerinon, III, 36-40, éd. Lavarenne p.13 : 邦訳，家入敏光訳『日々の賛歌』創文社，昭和42年，49-50頁参照。Strecker, MGH, PAC, 4, 2, 1, p.705も参照。

63） 同じ内容は，第Ⅸ章第四項にもある。

64） 同じ内容は，第Ⅲ章第一〇項にもある。

65） 司祭，司教に対する尊敬は，カロリング期における訓育の主要

な主題のひとつである。ここでドゥオダは，当時，問題視されていた俗人による聖職者の物的財産の尊重やオルレアンのJonas の 鑑 De institutione laicali が取り扱う「十分の一税」などにはまったく触れず，ただ，聖職者に対する態度を霊的側面から取り扱うだけである。Riché, op. cit., p.25参照。

66） Ps-Cyprianus, De duodecim abusiuis saeculi, PL 4, c.957 D ; Isidorus, Orig., VII, 12参照。

67） Augustinus, De ciu. Dei, XIX, 19, CSEL 40, p.406 ; Rabanus Maurus, De clericorum institutione, I, 5, PL 107, c.301参照。

68） Ps-Alcuin, Liber de diuinis officiis, PL 101, c.1236B ; Isidorus, Orig., VII, 12, 13参照。

69） レビ（Leuvi）。旧約聖書中の人物。ヤコブの三男。イスラエルの祭司部族の祖（レビ自身については，『創世記』29，34；49，『出エジプト記』32，25-29に説明がある）。また かれの家（子孫）は，イスラエルにおいて，祭儀を司る祭司のもとで聖所の務めを果たす聖職者の集団（階級）となった（この集団については，『民数記』に詳しい）。

70） ケルビン（Cherubin）。智天使。九階級の上から二番目の天使で，知に優れている。

71） Gregorius Magnus, Moral., XXIII, 11, 21参照。

72） ゼカリヤ（Zacharias）。イスラエルの一二預言者の一人。バビロン捕囚後のイスラエルの回復と神殿の再興を促した（『ゼカリヤ書』参照）。

73） ダビデ。上掲注（17）参照。

74） サウル。上掲注（44）参照。

75） 有力者はしばしば，施しをそれほど重視していない。Agobardus, De priuilegio et iure sacerdotis, PL 104, c.138-139参照。

76） ここで，ドゥオダは，教父たちも多用した Uetus Latina の Job 14, 4-5を用いている。Hieronymus, In Esaiam XIV, 53, 10（CC 73A, 594）; XV, 54, 9-10（ibid., 607）; In Ezechielem IV, 16, 4-5（CC 75, 163）参照。

77） Isidorus, Synon., I, 53, PL 83, c. 839.

78） Gregorius Magnus, Moral., V, 39, 70, PL 75, c.720 A 参照。

第Ⅳ章

1） Cassianus, Inst., XII, 8, CSEL 17, p.210 ; SC 109, p.460 ; Gregorius Magnus, Moral., XXIV, 2, 2, PL 76, c.287 B ; Isidorus, Sent., II, 37, PL 83, c.658 ; Ambrosius Autpertus, De conflictu uitiorum et uirtutum, PL 83, c.1131-1144参照。

2） 使徒パウロ。第Ⅰ章注（6）参照。

3） Isidorus, Synon., I, 7, PL 83, c.829 B 参照。

4） Prudentius, Cathemerinon, IX, 55, éd. Lavarenne, p.52 : 家入訳，『日々の賛歌』125頁; VI, 141 : éd. Lavarenne, p.37 : 家入訳，96頁参照。

5） Ibid., VI, 147-148, éd. Lavarenne, p.37 : 家入訳，96頁参照。

6） Ibid., IX, 52-53, éd. Lavarenne, p.51-52 : 家入訳，125頁参照。

7） ドゥオダは，特定はできないが，教父のだれかから借用したのであろう。いずれにせよ，教父たちの知識の原典となっているのは，Plinus, Hist. nat., X, 22（邦訳参照）である。

8） ここでも，ドゥオダは間違っている（第Ⅲ章注（1）参照）。

9） この文章は，『出エジプト記』28，29；39，14と『黙示録』14，1，『出エジプト記』6，8；『申命記』6，8；11，18を混合したものである。12部族の名は，大祭司の胸当てに彫りつけられ，小羊の名と小羊の父の名は，選ばれた人々の額に記され（『ヨハネの黙示録』14，1参照），たえず口ずさむべき神のみことばはイスラエル人の腕と額に付けられていた（『出エジプト記』6，8；『申命記』6，8；11，18参照）。

10） ここにはエゼキエルの名があげられているが，その内容は，『イザヤ書』6，2-3と『ヨハネの黙示録』4，8の混合である。ただ，それに似た内容は『エゼキエル書』1，5-11にある。因みに，エゼキエル（Ezechiel）は旧約三大預言者のひとりで，イスラエルの第一回の捕囚（前598年）のときバビロンに連行され，エルサレムの滅亡を預言し，また捕囚からの帰還に希望を与え，その後のユダヤ教の刷新を示した。『エゼキエル書』の著者。

11） 上掲注（9）参照。

12） 上掲注（10）参照。

13） 上掲注（1）参照。

14） シオン。第Ⅱ章注（17）参照。

15） 中世の教訓書，鑑には，必ず傲慢に関する一章がある。たとえば，Alcuin, Liber de uirtutibus, 23, PL 101, c.630 C ; Jonas, De instit.

laicali, III, 4, PL 106, c.238-241. Paulinus Aquilensis, Liber exhortationis, PL 99, c.228-229 参照。

16） Smaragdus, Uia regia, 21, PL 102, c.960参照。ルシフェル（Lucifer. 光（lux）をもたらすもの（fer）の意味。もともと大天使でありながら，傲慢のために罪に定められた。

17） この一文は，Jonas（op.cit., PL 106, c.240）が引用する Gregorius Magnus, や Caesarius Arelatensis にもとづいているのかもしれない。謙遜の称賛については，Smaragdus, Diadema, 11, PL 102, c.603参照。

18） ドゥオダがここで引用しいている聖書のことばは，中世においてまだ多用されていた Uetus Latina によっている。

19） 聖霊の七つの賜物は，教父たちの著作でしばしば取り扱われている。J. Thouzard, “Isaïe XI, 2-3 et les sept dons du Saint Esprit”, RB, VIII（1899）, p.249-266 ; Dict. de Spirit., art. “Dons” 参照。カロリング期の書としては，カール大帝が司教たちにあてた書簡，MGH, Epist. IV, p.529 ; Paschasius Radbertus, Uita Adelardi, 70, PL 120, c.1549 参照。

20） 使徒ペトロ（Petrus Apostolus）は，キリストがとくに選出した12弟子のかしらで，代弁者。キリストがメシアであることを最初に告白し，この信仰に対して，キリストはかれを教会の礎（ギリシア語では岩を意味するペトロという名は，ここに始まる。それ以前のかれの名はシモン）として定めた。原始教会において，中心的な指導者として活躍し，晩年ローマに来て，ネロの時そこで殉教した。かれの業績は四福音書と『使徒言行録』にあり，「ペトロの手紙」I，IIの著者と目されているが，それを認めるには難点もある。

21） Passio SS. Apostolorum Petri et Pauli, 60（BHL 6659）, ed. R. A. Lipsius, Acta Apostolorum apochripha, Leipzig 1891, I, p.171参照。

22） ドゥオダの文章そのままではないが，その内容は，たとえば Augustinus, Sermo de passione Domini in parasceue, PL 38, c.1084にも見られる。

23） 八つの至福については，後出の第IV章第八項参照。

24） この文章は，Gregorius Magnus, Dial., IV, 3, PL 77, 321から取られている。

25） 七という数の意味については，Isidorus, Numer., 8, PL 83, c.186参照。

26） ここでドゥオダは『ヨシュア記』をあげているが（たしかに，

『ヨシュア記』では，道を探す先遣隊について語っている)，正しくは，『ヨブ記』からの引用である。

27) この表現は，その他にも散見される。たとえば，本書「はじめに」注(13)頁参照。

28) 使徒パウロ。第Ⅰ章注(6)参照。

29) 通常，ドゥオダも同様であるが，聖霊の恵みは「七」(septiformis)という数で示されている。したがって，ここで言われている「三つ」(septiformis)の意味は不明。完全さを示すためであろうか。

30) これに似た表現は，『ヨハネの黙示録』12，9と『ヘブライ人への手紙』11, 34に用いられているが，こうした引用が正確にどこから来るのか，その原典は不明である。

31) 使徒ペトロ。上掲注(20)参照。

32) Ambrosius Autpertus, De conflictu uitiorum et uirtutum, PL 83, c. 1143 ; Halitgaire de Cambrai, De paenitentia, PL 105, c. 668など参照。

33) 太祖ヨセフは，エジプト宮廷の侍従長ポティファルの妻の誘惑を拒絶し(『創世記』39，1-23参照)，ダニエルは貞淑なスザンナを守った(『ダニエル書』第13章参照)。「新共同訳」では，「ダニエル書補遺」のうちの「スザンナ」の項参照。ダニエルについては，本書，「まえがき」注(3)も参照。

34) サタン(Satan)。語意は「敵対者」。旧約聖書では，人間を試みる神の使者として(『ヨブ記』1，6以下）あるいは人間を誘惑する悪天使として，あるいはエバを陥れた蛇として(『創世記』3，1以下；『知恵の書』2，24参照)出てくる。新約聖書では，堕落した悪天使(『ルカによる福音書』10，18参照)として，神，キリストと戦い，世の終わりに滅ぼされる(『ヨハネによる福音書』14，30参照)。

35) Alcuin, De uirtutibus et uitiis, 18, PL 101, c.626 C 参照。

36) Ambrosius Autpertus, De conflictu uitiorum et uirtutum, 79, PL 83, c.1143 B ; Alcuin, op. cit., c.627 B 参照。

37) ドゥオダと同時代のオルレアンのJonasは，その著De institutione laicaliの第二巻で，夫婦間の道徳を説き，「学者たち」(doctores)を引用している。この点で，とくに学者と目されているのは，Augustinus (De bono conjugali)で，その他Isidorus, Bedaもいる。PL 106, c.167-192参照。

38) エノク(Enoch)。旧約聖書の人名。カインの子で，アダムから

三代目の父祖（『創世記』4，17参照）。偉大な父祖，預言者と信じられていた。かれは，他の父祖に比べて死亡年齢が一番若いが（365歳），それは「エノクは神とともに歩み，神から取られていなくなり」（『創世記』5，24参照），「信仰によって死を経験しないで天に移された」（『ヘブライ人への手紙』11，5参照）からである。

39）　ノア。第Ⅲ章注（7）参照。

40）　アブラハム（Abraham）。第Ⅲ章注（14）参照。

41）　イサク（Ysach）。第Ⅲ章注（8）参照。

42）　ヤコブ（Iacob）。第Ⅲ章注（10）参照。

43）　ヨセフ。第Ⅲ章注（12）参照。

44）　モーセ。第Ⅰ章注（2）参照。

45）　前カロリング期の「鑑」には，ほとんどいつも patientia に関する一章がある。Defensor, Liber Scintillarum, II, CC 117, p.7; SC 77, p.70-83 ; Alcuin, De uirtutibus et uitiis, 9, PL 101, c.619 ; Smaragdus, Uersus, MGH, PAC, 2, p.920 ; Jonas, De institutione laicali, Ⅲ, 6, PL 106, c.236-238（ここには，Augustinus, De bono patientiae の抜粋がある）参照。

46）　Huemer, Eranos Vindobonensis, 1893, p.117参照。

47）　この詩文は Eugenius Toletanus のものとされているが，しかしこれは，間違いなく，Saint-Mihiel修道院の修道者 Smaragdus の作である。MGH, AA, 14, p.234 ; PAC, 4, 2, 2, p.922参照。

48）　この詩文は，Defensor, Liber Scintillarum, Ⅱ, 11, CC 117, p.8（SC 77, p.72）に引用されている。

49）　八つの至福の説明と，『マタイによる福音書』5，1-11の解釈は，おそらく Augustinus, De sermone Domini in monte, PL 34, c.1229によるものであろう。また，この項の表題は，カロリング期の詩 De octo uitia et octo beatitudines, MGH, PAC, 4, 2, 1, p.585と関連があると思われる。

50）　イスラエル。第Ⅲ章注（11）参照。

51）　ここで言われている「ある人」（quidam）は，おそらく詩人であろうが（Huemer, Eranos Vindobonensis, 1893, p.120），しかしそれ以上のことは不明である。

52）　ただし，この語に続く引用文は，Gregorius Magnus, Moral., XV, 56, 65, PL 75, c.1114C『ヨブ記』21, 26について述べる）と，また『詩編』48, 3, 11の解釈に見られる文章と関連があるように思われ

る。

53） アロン (Aaron)。第II章注 (18) 参照。旧約聖書中の人物。モーセの兄で，ヘブライ人最初の大祭司。口の重いモーセを「すぐれたことば」をもって助け，かれの代弁者として働いた。(『出エジプト記』4，10以下；6，6-20；17，12；24，1-11；29章から32章，40，12-16参照)。

54） レビ (Leui)。第III章注 (69) 参照。

55） これは，メロビング期の詩文である。Versum de castitate, MGH, PAC, 4, 2, p.573参照。

56） これはおそらく前カロリング期のものであろうが，今は散逸している。

57） シオン。上掲注 (14) 参照。

58） エリについては，第III章注 (3) 参照。

59） この文章は聖書にはない。おそらく Historia Monachorum, 1 (PL 21, c.403C) に見られる修道士への叱責のことばであろう。

60） おそらく格言であろうが，特定はできない。

61） この祈りのはじめは，ローマ典礼におけるミサ中の聖体拝領前の第二の祈りを思わせる。Augustinus, Contra Cresconium, IV, 26, 33, CSEL 52, p.531参照。

62） この詩文の特定はできない。Condix という語も，どの辞書にも見当たらない。

63） ソロモン。第III章注 (1) 参照。

64） 使徒パウロ。第I章注 (6) 参照。

65） こうした語源的解釈は，おそらく Isidorus, Orig., XI, 1, 14, PL 82, c.399B を誤解したものであろう (Isidorus は，caro (肉) は creare (創造する) から来ると言う。ドゥオダは，あるいはAugustinus, De ciu. Dei, XX, 3, CSEL 40, p.454, 8 における「屍体 (cadavera)」は「落ちる」(cadere) から来るという説明を思い出しているのかもしれない。

第V章

1） この悲しみの二面については，Alcuin, De uirtutibus et uitiis, 33, PL 107, c.635C 参照。

2） これ以降の「ような」(quasi) ものと「真の」(verum) ものとの比較は，あるいはカロリング期の説教から来ているのであろうか。いずれにしても，この比較は，Augustinus, Enn. in Ps. 8, CC 38, 569 に

もある（P. A. Becker, Dhuodas Handbuch, p.85-86参照）また富者の夢の話も，Augustinus, Enn. in Ps 131, 8, CC 38, 569に見られる。しかしドゥオダの文章が Augustinus のそれに由来すると確定するにはかの女の文章はあまりに乱れている。

3）　ヨブ（Iob）。旧約聖書における知恵文学に属する『ヨブ記』の主人公。『ヨブ記』の著者は不明であるが。ヨブは，幸福にあっても災難にあっても，神への信頼を失うことのない伝統的な義人である。

4）　Gregorius Magnus は，Moral., XII, 5, 8, PL 75, c.990においてキリストを木にたとえている。

5）　ヨブ。上掲注（3）参照。

6）　トビト（Tobi）。旧約聖書の『トビト記』の主人公。著者不祥。捕囚の身となりニネベに住むユダヤ人（前722年頃）トビトは，失明から始まって種々の不幸に見舞われたが，のち神の計らいにより，天使の働きをとおして視力，財産その他の幸福を得る。ニネベの滅亡と捕囚後のエルサレムの再興を預言した。

7）　ヨセフ。第Ⅲ章注（12）参照。

8）　ダビデ。第Ⅲ章注（17）参照。

9）　ダニエル（Danihel）。ダニエルは，ペルシャのダレイオス王の禁令に反してエルサレムに向かって祈り，獅子の穴に投げ込まれたが，神に守られ，無傷で救出され，それによって王自身がダニエルの神を賛美した（『ダニエル書』第6章；本書「まえがき」注（3）参照）。

10）　スザンナ（Susanna）。かの女は，その美貌のため，ユダヤ人長老ふたりに誘惑され，それを拒んで讒訴されたが，ダニエルの弁護によって身の潔白が証明された（『ダニエル書補遺』スザンナ参照）。

11）　シドラック（Sidrach），ミサック（Misach），アブデナゴ（Abdenago）。この三人は，ダニエルとともにバビロン王ネブカドネツァルの宮廷に仕え，ユダヤ教を忠実に守ったため，讒訴され，燃えさかる炉のなかに投げ込まれたが，神の使いによって救われた。『ダニエル書』，第1章-3章；同書補遺，「アザルヤの祈りと三人の若者の賛歌」参照。本書「まえがき」注（3）も参照。

12）　出典不明，おそらく当時の聖人伝から取り入れたものであろう。

13）　アブラハム。第Ⅲ章注（14）参照。

14）　モーセ。第Ⅰ章注（2）参照。

15）　ピラト（Pylatus）。古代ローマ帝国のユダヤ，サマリア，イドマヤ地方を治めた総督（AD26-36）。ピラトは，イエスの無罪を知りながら民衆と皇帝を恐れてかれを十字架の刑に処した（『マルコによる福音書』15，1-15；『ルカによる福音書』23，1-25；『ヨハネによる福音書』18，28-19，26参照）。
16）　ヘロデ（Herodes）。ヘロデ大王，ユダヤの王（在位前37-4）。キリストの誕生の知らせを聞いて自分の権威を奪われることを怖れ，キリスト誕生の地ベトレヘムとその周辺の二歳以下の男児を皆殺しにした（『マタイによる福音書』2，1-18参照）。
17）　Membra diaboli は membra Chrisiti と対照的な表現で，Gregorius Magnus, Moral., II, 19, 29, PL 75, c.614にも見られる。ここで Gregorius は，「悪魔の手下」としてキリストに死を宣告したピラトをあげている。
18）　ラザロ（Lazarus）。新約聖書中の人物。マルタとマリアの兄弟。死後四日を経過し墓に葬られたかれをイエスは蘇らせた（『ヨハネによる福音書』第11章参照）。
19）　たしかに，何かの引用であるが，その出典は不明。
20）　Gregorius Magnus, Moral., pref., 10, 20, PL 75, c.527.
21）　Ibid., c.528 B 参照。
22）これは，Gregorius Magnus の書である。ドゥオダは，かれの Regula Pastoralis と Moralia in Job（ドゥオダはその序文だけは知っていた）とを混同しているようである。
23）　アブラハム。第Ⅲ章注（14）参照。
24）　ヨセフ。上掲注（7）参照。
25）　ダビデ。上掲注（8）参照。
26）　ソロモン。第Ⅲ章注（1）参照。
27）　引用であることはたしかであるが，その出典は不明。
28）この表現は，この「手引書」が書記に書き取らせたものであることを示すものである。「今日の書き取りの作業は終わり」の意（第Ⅹ章注（10）参照）。

第Ⅵ章

1）　七つの賜物と八つの至福の比較については，Augustinus, Sermo 347, PL 39, c.1524 ; De sermone Domini in monte, I, 4, PL 34, c.1234参照。

2) このように，疑問形ではじまる詩編14，1は次項におけるその答えと結論となる多くの引用を引き出す鍵となっている。

3) 七という数の象徴的意味については，Isidorus, Numer., 8, PL 83, c.186-188 ; Gregorius Magnus, Moral., XXXV, 8,15-18, PL 76, c.757D-760B 参照。

4) たしかにドゥオダは，こうした数解釈を当時の数え方教本から取り入れている。カロリング期の数え方教本については，A. Cordoliani, Les traités de comput ecclésiastique de 525 à 990, Paris 1942 Bulletin Du Cange, XVII (1942), p.51-72参照。

5) 第Ⅳ章注 (23-25) 参照。

6) この説明については，Augustinus, Sermo Frangipani, I, 17, éd. Morin, p.185参照。

7) 50は贖罪（したがって詩編50は贖罪の詩編である）と，安息（大赦）の年を示す（『レビ記』25，8-10参照）。Alcuin, Expositio in psalmos paenitentiales, PL 100, c.582C 参照。

8) 7x11はすべての罪科を象徴している。Augustinus, De cons. Euang., II, 4, 13, PL 34, c.1077参照。

9) ドゥオダは，指算がヘレニズム期以来，用いられていたことを知っていた (H.-I. Marrou, Histoire de l'Education dans l'Antiquité, 邦訳，横尾・飯尾・岩村訳『古代教育文化史』岩波書店，1985年，192-193頁 ; idem, "L'Evangile de Vérité et la diffusion du comput digital dans l'Antiquité", Vigiliae Chrisitianae, XII (1958), p.98-103 ; A. Quacquarelli, "Ai margini dell'actio : la loquela digitorum", Vetera Christiano-rum, VII (1970), p.199-224 ; E. Alfoldi-Rosenbaum, "The Finger Calculus in Antiquity and in the Middle Ages...", Frühmittelalterliche Studien, 5 (1971), p.1-9参照。

10) Rabanus Maurus, Liber de computo, 6, PL 107, c.674 A 参照。

11) ヒゼキア (Ezechias)。旧約聖書中の人物。第14代目のユダの王（『列王記下』18，1；『歴代誌下』29，1参照）。神に忠実に仕え，神殿の修築，宗教改革を断行した。しかし政治的には，周辺国のアッシリア，エジプトとの力関係に翻弄された。

第Ⅶ章

1) 二つの誕生については Augustinus, Serm., 121, 4, PL 38, c.679 ; id., Tract. in Ioh., XI, 6, CC 36, 113-114参照。

2) ドゥオダが言う使徒は，普通パウロのことであるが，しかしかれの手紙にはこうしたことばは見当たらない。
3) ドゥオダは，このための一章を予定しながら，書く余裕がなかったのか，あるいは Adam という名前の象徴的意味を説明する章（第Ⅸ章第二項）を指して言っているのであろうか。
4) マルキアニッラ（Marcianilla）は，その子ケルスス（Celsus）に導かれて回心し，ともに殉教した。Passio SS. Iuliani, Basilissae et sociorum (BHL 4529); AS, Ian., 575-587 参照。この書は，カロリング期には広く流布していた。また総督 Marcianus の妻で，Celsus の母であった女性の名は，種々の綴りで伝えられているが，Marcianilla がもっとも古い。Dom P. Salmon, Lectionnaire de Luxeuil du vii-viiie siècle, Collectanea Biblica latina, VIII, Rome 1944, p.27-57, とくに p.55 参照。また Flodoardus, De triumphis Christi Antiochiae gestis, I, 13, PL 135, c.664 A 参照。
5) Passio sancti Symphoriani (BHL 7967); AS, Aug., IV, 496-497 参照。そこには，町の外の刑場に引かれていく Symphorianus を，オータンの城壁の上から励ましたその母 Augusta の姿が記されている。ドゥオダは，この励ましのことばをいくつか引用している（第Ⅰ章第七項，34-45 頁参照）。
6) 二つの死については，Augustinus, Tract. in Ioh., XLIII, 11, CC 36, 377 ; Paschasius Radbertus, In Matth., VIII, 16, PL 120, c.576 C 参照。
7) この形でまとまった文章の出典は不明。ドゥオダはここで，『創世記』23，14；『申命記』5，5；『ホセア書』5，15；『エレミヤ書』22，10 を混用あるいはそれらを念頭において書いていると思われる。
8) この内容は，Alcuin, De uirtutibus et uitiis, PL 101, c.616 D にある。Dict. Spir., IV, 676 参照。

第Ⅷ章

1) ドゥオダの言う「聖なる読書」(lectio sancta) は lectio divina と同義であろう。「聖なる」(sancta, divina) と言われるのは「読書」(lectio) のことではなく，「聖なる書」つまり聖書の読書のことであり，また「読書」は単なる読書あるいは読むのを聞くことではなく，瞑想を伴う読書のことである。こうした聖書の読書は，西方では教父たちでもとくに Ambrosius (De bono mortis, 2 ; In Euang. Luc., IV, 20)

と Augustinus (Epist., XX, 3 ; Sermo, CXLII, 1) によって推奨され，それが Benedictus の Regula (48, 1：古田訳,『聖ベネディクトの戒律』，188頁) に取り入れられることによって修道者の生活になじみ，かれらの生活を模範とした中世の一般信徒の霊的生活に導入されたのである。J. Leclercq, L'amour des lettres et le désir de Dieu, Paris 1957 : 邦訳，神崎忠昭・矢内義顕訳『修道院文化入門』知泉書館，2004年，21-25頁参照。

2) この表現は，カロリング期の Precum libelli, éd. Wilmart, p.27, 53, 76に見られる。

3) この祈りの形式は，8世紀以降の聖金曜日の大祈願に出てくる。J. A. Jungmann, Missarum Sollemnia, II, Paris 1952, p.254-261参照。

4) これは，カール禿頭王のこと。

5) この表現は，ウィルヘルムスの父ベルナルドゥスがおかれた政治的に困難な立場を暗示している。

6) Precum libelli, éd. Wilmart, p.52にある Pro iter agentibus を参照。

7) 聖金曜日の大祈願，上掲注 (3) 参照。

8) アブラハムについては，第Ⅲ章注 (14) 参照。

9) Augustinus, Enchiridion, 110, PL 40, c.283. この文章は，Jonas, De institutione laicali, 15, PL 106, c.265A において，死者に対する義務のなかで引用されている。

10) 上掲注 (9) 参照。

11) 上掲注 (9) 参照。

12) 断罪された人々の罰の軽減については，J. Rivière によるEnchiridion (Bibl. Augustinienne, 9), Paris 1947, note complémentaire 54, p.420-422参照。

13) ここには，8世紀にスペインのマルシュ地方に起こった三位一体の信仰の曲解，とくに養子論を暗示しているのであろう。第Ⅱ章注 (1) 参照。

14) 使徒パウロ。第Ⅰ章注 (6) 参照。

15) この対話 Uerba seniorum は6世紀の助祭ペラギウスと副助祭ヨハネスによって翻訳されている (PL 73, c.1013C). Les Sentences des Pères du désert, Solesmes 1966, p.297-298参照。

16) この第Ⅷ章第一四，一五項においてドゥオダは，はっきりと家系を重視し，その存続と繁栄を願い，また家族の財産，遺産の維持と拡張を願っている。

17） 後出の第X章第五項参照。
18） このころ，宮廷における顕職を家督の一部として遺贈するという慣習があったことを示している。
19） ウィルヘルムスの叔父で代父であった テオドリクス のこと。第X章注（22）参照。
20） アブラハム。第Ⅲ章注（14）参照。
21） イサク。第Ⅲ章注（8）参照。
22） ヤコブ。第Ⅲ章注（10）参照。
23） ユダ・マカベア（Judas Maccabaeus）。セレウコス朝のヘレニズム化政策，宗教的迫害，侵略に反対して戦い，戦死（前160年頃）。（『マカバイ記Ⅰ』第2，3章；『マカバイ記Ⅱ』第2，5，8章参照）。
24） おそらく，テオドリクスのことであろう。
25） モーセ。第Ⅰ章注（2）（69）参照。
26） レビ。第Ⅲ章注（69）参照。

第Ⅸ章

1） ドゥオダが教える数え方は，主として指算によるもので，それも Alcuin によっている（Alcuin, Ep. 133, MGH, Epist., 4, p.201, p.11参照）。
2） ここには，ドゥオダがどのようにしてこの『手引書』を書いたか，その手法が明言されている。
3） 第Ⅵ章第四項参照。
4） ドゥオダはたしかに，間接的に Augustinus, Tract. in Ioh., IX, 15 ; X, 12, CC 36, p.98, 108（M. F. Bérouard, Note complémentaire 76 au Tract. X, Bibl. Aug., 71, p.916-917参照）に依拠している。また，かの女と同時代の Rabanus Maurus, De laudibus S. Crucis, I, 12, PL 107, c.197s と Alcuin, Comm. in Ioh., II, 4, 20, PL 100, c.777も利用している。
5） Rabanus Maurus, op. cit., c.198参照。Rabanus は c.197C において，ドゥオダがここでしているように，Adam という名の文字は世界の四つの方角を示す最初の文字（Anatole, Disis, Arctos, Mezembria）であると言っている。
6） これらの数の象徴的意味については，第Ⅰ章注（7）にあげた文献を参照のこと。
7） Isidorus, Orig., V, 38, 5, PL 82, c.223BC ; Rabanus Maurus, Liber de

computo, 96, PL 107, c.726B-728参照。

8) Augustinus, Tract., in Ioh., IX, 6, CC 36, 94参照。

9) 「ファレルノのぶどう酒」は，イタリアのカンパニア地方産のぶどう酒で，Horatius も名酒として賞賛した (Epist., 1, 27, 10など参照)。Prudentius, Cathemerinon, IX, 28, éd. Lavarenne, p.50：家入訳，123頁参照。

10) 第Ⅳ章注 (25) 参照。

11) Isidorus, Numer., 9, PL 83, c.189B 参照。

12) ここには，天使たちの九つの位階が言われている (Rabanus Maurus, De laudibus S. Crucis, PL 107, c.202C ; 161D 参照)。Rabanus 以前にも，Gregorius Magnus は，天使たちの種々の位階について述べている (Hom. in Euang., 34, 7, PL 76, c.1249s 参照)。

13) 第Ⅸ章第四項と後出の注 (14) 参照。

14) ドゥオダは，この思想を第Ⅲ章 (注 (62) 参照) で取り上げている。ここでドゥオダが暗示している教父は，Gregorius Magnus (Hom. in Euang., XXXIV, 6, PL 76, c.1249 C) であろうか。こうした思想は，Augustinus 以降，しばしば取り上げられている (De ciuitate Dei, XXII, 1, 2 ; Enchiridion, IX, 29参照)。

15) イスラエル。第Ⅲ章注 (11) 参照。

16) ユダヤ人の回心については，Isidorus, De fide catholica contra Juaeos, II, 5, PL 83, c.508s 参照。

17) 指算については，第Ⅵ章第四項参照。

18) Rabanus Maurus, De laudibus S. Crucis, PL 107, c.205D では，完全さを示す数は1000である。

19) リベカ (Rebecca)。旧約聖書の人名。イサクの妻。イサクの父アブラハムが僕をメソポタミアに送って，呼び寄せた (『創世記』，24，1-67参照)。かの女はエサウとヤコブを産んだが，前者を嫌い，詭計をもってヤコブに長子権を奪い取らせ，ヤコブ (のちイスラエルと改名) を祖とするイスラエルつまりユダヤ民族の正統な系図の形成に一役買った (『創世記』，25，19-34；27，18-29参照)。第Ⅲ章注 (10) も参照。

20) ここで言われている「ある人」とは，『マカバイ記Ⅱ』15，14に言われているエレミヤのことであろうか。

21) ドゥオダはここで典礼における祝福の祈りを列挙しているが，それは，かの女のこれまでの考えをまとめているように見える。

第X章

1) この詩行の配列については，W. Meyer (Gesamm. Abhandl., III, p.84) と A. Burger (Les vers, p.97-98) はそれぞれ異なる形をとっている。ここでは，Bondurand, l'Education carolingienne. Le Manuel de Dhuoda (843), Paris 1887に従った。

2) この詩行は，前カロリング期の詩 De puero interfecto a colubre (MGH, PAC, 4, 2, p.573) に似通っている。なお，この詩行の各部の検討には，Alcuin (PL 101, c.1155C), Propositio (36) de salutatione cujusdam senis ad puerum を参照のこと。本章第二項も参照。

3) したがってドゥオダの『手引書』は，病気がちの自分の行く末を思い，子どもたちの将来のために書き残そうとした，いわばかの女の「遺訓の書」である。こうした印象は，とくに後出の第X章第四，五項において顕著である。

4) ここでドゥオダは，自分の結婚日である824年6月29日 (3 calend. Julii) と，ウィルヘルムスの誕生日である826年11月29日 (3 calend. Decembris) を比較している。

5) これらの詩行の第一行の語の最初の文字をつなぐと，VERSI AD WILHELMUM F (ilium) (「子ウィルヘルムスに (贈る) 詩文」) となる。Burger は，この詩形を Eugenius Toletanus, Anal. Hymn., 50, p.75 におけるそれと比較し，両者の類似を指摘している (Les vers, p.89-92参照)。

6) ここでドゥオダはカール禿頭王を指しているようである。

7) Gregorius Magnus, Hom. in Euang., 5, 4, PL 76, c. 1092 A (simonia を取り上げる有名な箇所である)。

8) ウィルヘルムスは，842年11月29日に16歳になっている。上掲注 (3) 参照。

9) 聖アンドレアの祝日は11月30日である。したがって，ドゥオダは本書の執筆に一年をかけている。

10) 第V章注 (28) 参照。

11) Ph.-A. Becker は，この表題は Gregorius Magnus, Moral., XXXV, 20, 49 (PL 76, c.780) のそれに近いとしている (Duodas Handbuch, p.93, n.1 参照)。

12) 第Ⅳ章注 (9) 参照。

13) スペインのマルシュ地方のこと (P. Riché, Dhuoda, Manuel pour mon fils, p.13 参照)。

14) 夫ベルナルドゥスが「あなたと私から離れることのないよう」(nec a te uel a me se separasset) という謎めいた文章について，あるものはドゥオダがユゼスにひとり残されたことと結びつけて (翻訳書，2, 5頁参照)，またあるものは，ベルナルドゥスがユディト皇后と愛人関係にありその妻を放棄したという Wala のことばをもとに (Paschasius Radbertus, Epitaphium Arsenii, ed. Dummler, Berlin 1900参照)，かの女が夫から捨てられることを恐れていたと解釈し，ベルナルドゥスの不徳を非難しているが (田花『西洋教育史ノート』1，433頁参照)，しかし本書の随所に見られる夫に対するドゥオダの礼賛，親愛の態度から見て，また次男の誕生 (841年) の時期から見て，こうした解釈を全面的に受け入れるわけにはいかない。むしろ，ドゥオダは，ベルナルドゥスの活動による家族との別居が長引くことなく家族同居の平和を念じているというべきであろう (Riché, op. cit., p.18参照)。

15) B. Blumenkranz, Juifs et Chrétiens dans le Monde Occidental (430-1093), Paris 1960, p.346, n.255によると，ここには，フランス南部におけるユダヤ人が高利貸をした最初の例が見られるという。

16) 第I章注 (14) 参照。

17) 第VIII章第一四，一五，一六項参照。

18) ヘロナ (Gerona) のウィルヘルムスつまりベルナルドゥスの父。

19) クングンディス (Chungundis)。ベルナルドゥスの最初の妻。804年のヘロナの修道院への贈与証書にその名がある。

20) ガリベルガ (Gariberga)。Calmette, La famille de saint Guilhem, Ann.du Midi, XVIII (1906), p.151によると，ウィルヘルムスの最初の結婚から生まれた娘。かの女は，ロタールの命により，834年ローヌ河で溺死させられた (Nithard, Histoire des fils du Louis le Pieux, I, 5, éd. Ph. Lauer, Paris 1926, p.22参照)。

21) ウィトベルギス (Vuithburgis)。ウィルヘルムスの二番目の妻で，Chanson de Guillaume d'Orange にその名が出てくる。

22) テッデリクス (Teddericus)。ウィルヘルムスの長子。ドゥオダは第VIII章第一五項 (ここではテオドリクスと呼ばれている) で，かれについてふれている。

23) ゴトゼルムス (Gothzelmus)。ウィルヘルムスの子。ロタールの命により834年に斬首された (Nithard, op. cit., p.22参照)。かれは，812年には Gothia の辺境領管轄者であった (Calmette, op. cit., p.166-

171参照)。

24) グアルナリウス(Guarnarius)。この名は，804年の贈与証書にあるウィルヘルムスの親族のなかには見当たらない。Calmette, op. cit., p.155 ; Bondurand, L'Education, p.259 ; J. Wollasch, Eine adlige Familie, p.184によると，ドゥオダの親族である。

25) ロトリンディス(Rothlindis)。かの女の名も，804年の贈与証書には見当たらない。Calmette は，ベルナルドゥスの姉妹で Wala の妻であろうと言い(op. cit., p.156)，Wollasch は，ドゥオダの親族であるとしている。

26) アリベルトゥス(Aribertus あるいは Heribertus)は，ウィルヘルムスの子で，830年ロタールの命により目を抉り取られた(Nithard, op. cit., I, 3, p.11参照)。

27) ドゥオダのほかにも，カロリング期の教養人たちは，自分の墓碑銘を作成している(Alcuin, MGH, PAC, 1, p.350参照)。この墓碑銘については，Wallach, Alcuin et Charlemagne, Ithaca 1959, p.256-265において注釈を加えている。Hincmar の墓碑銘については，MGH, PAC, 3, p.420参照。

28) こうした詩の形式については，A. Burger, Les vers, p.92-93参照。

29) この記号は，Dis manibus を意味するに違いない。似たような記号は，ミラノにあるルドヴィクス2世の墓碑銘にも見られる(CIL, V, 2, p.618, 623参照)。

30) Fortunatus, Carm. IV, 22, MGH, AA, 8, p.93参照。この表現は，842年ごろの Sichard の墓碑銘にもある(MGH, PAC, 2, p.654参照)。

31) こうした読み方については，D. Norberg, La poésie latine rythmique du haut Moyen Age, Stockholm 1954, p.17参照。

32) Amen の人格化は『ヨハネの黙示録』3, 14に見られる。つまりここではキリストを指すと考えられる。

第Ⅺ章

1) 本章の内容はほとんど全部，Alcuin のものとされる De Psalmorun usu liber, PL 101, c.465 B-468からの借用である。ただし，Alcuin の書の写本はもちろんドゥオダ自身の書の写本の経緯などもあって，ドゥオダによる借用はまったく同一のものでないことは言うまでもない(Riché, op. cit., p.35参照)。

2) これは，贖罪の七つの詩編を指す。

3）『ダニエル書』3，52-90参照。日本語の新共同訳では，『ダニエル書補遺』，「アザルヤの祈りと三人の若者の賛歌」参照。

4） Te Deum（神よ，あなたを）。日曜日または祝日の朝課において，また特別に喜びを表現したり，神に感謝をささげたりする時の賛歌。作者は，Ambrosius あるいは Augustinus あるいは Nicetas Messianus ともされているが，不祥。

5） Ps-Athanasius の信条と呼ばれるもの。第I章注（9）参照。

6） 841年の待降節第一の主日は，11月27日にあたる。

7） 処女マリアの御潔めの祝日は2月2日である。

8） この表現は，カール禿頭王がまだガリア南部において認められておらず，人々はかれとアキタニアのピピンとの紛争の解決を待望していたことを示すものであろう（P. Riché, Dhuoda, Manuel pour mon fils, p.24参照）。

参考文献

1　原典の出版

Mabillon, Acta Sanctorum Ordinis sancti Benedicti, IV, 1, Paris 1677, p.750-757.

Migne, Patrologia Latina, t. 106 (1851), c.109-118.

Bondurand (E.), L'éducation carolingienne. Le Manuel de Dhuoda (843), Paris 1887.

Vernet (A.), "Un nouveau manuscrit du Manuel de Dhuoda (Barcelona, Bibliotheca central, 569)", Bibliothèque de l'Ecole des Chartes, CXIV (1956), p.20-44.

邦訳。田花為雄著『西洋教育史ノート』(第一分冊の「中世武士の母訓」), 所書店, 1974年, 319-436頁にあるが, これは, 独訳 (Meier (G.), Bibliothek der katholischen Pedagogik, B. III をもとに, 講義用に試訳したものである。

2　ドゥオダの詩文に関する研究

Traube (L.), Karolingische Dichtungen, Berlin 1888, p.137-149.

Huemer (J.), "Gallisches Latein und gallische Rythmen des 9 Jahrhunderts", Eranos Vindobonensis (1893), p.113-130.

Winterfeld (P. von), "Zur Geschichte der rhytmischen Dichtung", Neues Archiv., XXV 1900, p.402-404.

Meyer (W.), "Ein Merowinger Rhthmus uber Fortunatus und altdeutsche Rythmik in lateinischen Versen", Nachrichten von der Kgl. Ges. Der Wiss. zu Gottingen, 1908, p.58-70, reprint., Gesammelte Abhandlungen, III, Berlin 1936, p.72s.

Strecker (K.), "Rythmi ex libro Manuali Dhuodanae deprompti", Monumenta Germaniae Historica, Poetae Latini aevi Carolini, IV, 2, 1, Berlin 1914, p.701-717.

Weyman (C.), Beiträge zur Gesch. der Christl. lat. Poesie, München 1926.

Burger (A.), "Les Vers de la Duchesse Dhuoda et son poème De temporibus tuis", Mélanges de Philologie, de Littérature, et d'Histoire ancienne

offerts à J. Marouzeau, Paris 1948, p.85-102.

3　関連する文学史

Histoire littéraire de la France, V, Paris 1734, p.19.

Chevalier (U.), Répertoire des sources historiques du Moyen Age : Bio-Bibliographie, Paris 1905, I, 1205.

Manitius (M), Geschichte der lateiniscen Literatur des Mittelalters, München, I (1911), p.442-444 ; II (1923), p. 805-806 ; III (1931), p.1063.

Wattenbach-Levison, Deutschlands Geschichtsquellen im Mittelalter, Vorzeit und Karolinger, III, Weimar 1957, p.315-316.

Brunhölzl (F.), Histoire de la littérature latine du Moyen Age (Geschichte der lateinischen Literatur des Mittelalters, I. Band, 1975), I/1, Brepols 1990, p.159-161, 300.

4　ドゥオダの『手引書』に関する研究

Delisle (L.), "Le Manuel de Dhuoda", Académie des Inscriptions et Belles-Lettres, Comptes rendues des séances, 4e série, XIII (1886), p.236-239.

Molinier (A.), "Le Manuel de Dhuoda", Bibliothèque de l'Ecole de Chartes, XLIX (1888), p.111-113.

Kurth (G.), "Le Manuel de Dhuoda", Revue des questions historiques, XLVIII (1890), p.322-324.

Becker (Ph.-A.), "Dhuodas Handbuch", Zeitschift für Romanische Philologie, XXI, 1897, p.73-101 ; XII, 1898, p.392.

Fabre (M.), "Un traité d'éducation écrit à Uzès au ixe siècle : le Manuel de Dhuoda", Mémoires de l'Académie de Nîmes, XLIX, 1931, p.cxxiv-cxxxvii.

Gaillard (L), art., "Dhuoda", Dictionnaire de Spiritualité, V (1957), c.798-799.

Leclercq (H.), art. "Manuel de Dhuoda", Dict. d'Archéol. Chrét. et de Liturgie, 10, 2 (1932), c.1586-1603.

Wollasch (J.), "Eine adlige Familie des frühen Mitelalters. Ihr Selbstverständnis und ihre Wirklichkeit", Archiv für Kulturgeschichte, XXXIX, 2, 1957, p.150-188.

Riché (P.), "Les bibliothèques de trois aristocrates laïcs carolingiens", le

Moyen Age, 1963, p.87-103.
Mathon (G.), Les fondements de la morale chrétienne selon le "Manuel de Dhuoda", Sapientiae doctrina, Mélanges (...) offerts à dom Hildebrand Bascour, Louvain 1980, p.249-264.
Bessmertny (Y.), Le monde vu par une femme noble au ixe siècle. La perception du monde dans l'aristocratie carolingienne, le Moyen Age 93 (1987), p.161-184.
Pernoud (R.), La femme au temps des Cathédrales, Paris 1980 : 邦訳，福本秀子訳『中世を生きぬく女たち』白水社，1988年，68-80頁参照。
岩村清太著『ヨーロッパ中世の自由学芸と教育』知泉書館，2007年，第六章「西欧中世における家臣の教育」315-356頁参照。